# LOW FAT 30

## ITALIENISCHE KÜCHE

W0057446

SILKE VON KÜSTER

# LOW FAT 30

## ITALIENISCHE KÜCHE

# *Inhalt*

# Die LOW FETT 30-Idee

## Fett macht fett

Wissen Sie, was die asiatische Küche der amerikanischen voraus hat? Obwohl in Asien kalorienreicher gegessen wird, sind Figurprobleme und Übergewicht dort eher die Ausnahme.

Die Erklärung ist ganz einfach: Die Kalorien, die die Amerikaner (und auch die Deutschen) zu sich nehmen, stammen vorwiegend vom Fett. Wir lieben es, die Butter dick aufs Brot zu streichen, die fettreiche Sauce noch mit einem Schuss Sahne zu verfeinern und die Kartoffeln schmecken uns frittiert auch viel besser als gekocht. Chinesen und Japaner, meist schlank und rank, essen vergleichsweise wenig Fett, also LOW FETT 30. Bei asiatischen Gerichten stammen nur etwa 15% der Energiezufuhr vom Fett, der Rest wird von den Kohlenhydraten und Eiweißen geliefert. Das sind die große Portion Reis, viel frisches Gemüse und mageres Fleisch. Hinzu kommt noch die meist fettarme Zubereitung der Speisen.

Auch neue wissenschaftliche Studien belegen, dass dicke Menschen nicht unbedingt mehr Kalorien zu sich nehmen, sondern einfach nur viel Fett im Vergleich zu den anderen Nährstoffen, den Kohlenhydraten und den Eiweißen.

Für Ärzte und Ernährungswissenschaftler ist es längst kein Geheimnis mehr: Fett macht fett und sogar krank. Es lagert sich als Depot für schlechte Zeiten an Hüften, Bauch und Po an, es macht uns schlapp und träge. Zu viel Fett erhöht sogar das Risiko an Diabetes, Arteriosklerose, Bluthochdruck, Schlaganfall und Herzinfarkt zu erkranken. Mediziner fanden heraus, dass es in Asien diese Krankheiten viel seltener gegeben hat als in den westlichen Industriestaaten und, dass die Herz-Kreislauf-Erkrankungen in dem Maße zunehmen, wie auch in Asien immer mehr „westlich" gegessen wird.

Fazit: Jedes Lebensmittel oder jedes Gericht, das wenig Fettkalorien enthält, ist gut für Figur und Gesundheit.

## Was bedeutet LOW FETT 30?

LOW FETT 30 ist keine Diät im üblichen Sinn. Sie essen weiterhin was Ihnen schmeckt, es sollte lediglich fettarm sein. Durch eine Umgewöhnung, die Schritt für Schritt vor sich geht, verändern Sie Ihre Ernährung so, dass die Nahrung reich an sättigenden Kohlenhydraten ist und nur wenig Fett enthält. Maximal 30% der Kalorien, die Sie täglich mit der Nahrung aufnehmen, dürfen aus Fett stammen. Die restlichen Kalorien sollten hauptsächlich in Form von Kohlenhydraten zugeführt werden. Wenn Sie diese einfache Regel berücksichtigen, erhalten Sie ganz nebenbei Ihre Wohlfühlfigur.

LOW FETT 30 hilft Ihnen, ohne Kalorienzählen die geeigneten Lebensmittel einfach und schnell auszuwählen.

In diesem FALKEN Buch finden Sie raffinierte Rezepte, die zwar weniger Fett, aber umso mehr Geschmack haben. Und sie sind überdies leichter verdaulich, liegen also nicht so schwer im Magen. Wer sich an LOW FETT 30 hält, isst gesund, bleibt fit und schlank. Probieren Sie es aus. Diese Art zu essen sättigt und macht glücklich. Erleben Sie, wie gut fettarmes Essen schmeckt.

## Nährstoffe – unsere Energiequellen

„Wie kann ich einer Sache gegenüber gleichgültig sein, die Teil meines Körpers wird?", fragte einstmals ein chinesischer Weiser. Wenn Sie mehr darüber wissen, wie unser Körper die ihm angebotenen Nährstoffe weiterverarbeitet, werden Sie verstehen, warum jeder leicht abnehmen und sich dabei gleichzeitig wohl fühlen kann.

Ein Auto benötigt Benzin, um überhaupt fahren zu können. Genauso benötigt der menschliche Körper energieliefernde Treibstoffe. Jene Energie liefern uns die drei Nährstoffe Fette, Kohlenhydrate und Eiweiße. Zusätzlich tragen Vitamine, Mineralstoffe, Spurenelemente, bioaktive Pflanzenstoffe und Wasser dazu bei, dass alle Vorgänge im Körper reibungslos funktionieren. Mithilfe der Energie, die unser Körper aus der Nahrung gewinnt, können wir körperlich arbeiten, Sport treiben oder schlicht Zeitung lesen.

### Kohlenhydrate

Kohlenhydratreiche Lebensmittel sind beispielsweise Brot, Reis, Kartoffeln und Nudeln. Unser Körper speichert überschüssige Kohlenhydrate als Energiereserve. Wie in einer Speisekammer werden Sie als Vorrat angelegt: und zwar im Blut in Form von Zucker (Glucose) und in der Leber sowie in den Muskeln in Form von Glykogen. Jeder, der Sport treibt und dabei diese beiden Reserven aufbraucht, merkt, dass sich sehr schnell wieder Hunger einstellt.

Übrigens sind unsere Kohlenhydratspeicher ein Grund dafür, dass bei kurzfristigen Diäten die Fettpolster zunächst überhaupt nicht angegriffen werden.

### Eiweiße

Aus dem zweiten Nährstoff, dem Eiweiß, baut unser Körper vor allem Muskeln aber auch andere Gewebe auf. Daneben ist es Baustein für Enzyme, Hormone, Antikörper und vieles mehr. Der größte Teil des Körpereiweißes ist in den Muskeln gespeichert, der Rest in den anderen Organen und im Blut. Etwa 100 g Eiweiß werden ständig über das Blut zu den Orten unseres Körpers transportiert, wo sie benötigt werden.

Große Mengen Eiweiß enthalten die in der asiatischen Küche verwendeten Nahrungsmittel Fisch, Käse, Jogurt, Soja, Erbsen und Erdnüsse. Aber auch Eier, Kartoffeln, Reis oder Getreide sowie Nüsse und Saaten sind wertvolle Eiweißlieferanten.

Zu viel Eiweiß macht selten dick. Denn es muss sehr aufwändig, ähnlich wie die Kohlenhydrate, in Fett umgebaut werden. Stattdessen verbrennt unser Körper das überschüssige Eiweiß zu Energie. Eine eiweißreiche Kost belastet aber die Nieren. Eiweißreiche Lebensmittel enthalten oft auch noch sehr viel Fett (beispielsweise Fleisch, Wurst, Käse und Nüsse). Demgegenüber stellt LOW FETT 30 mit mageren tierischen und pflanzlichen Eiweißträgern, eine Ernährung dar, die die richtige Eiweißmenge liefert.

### Fette

Eine gewisse Menge Fett in der Nahrung ist unerlässlich. Wir brauchen es als Träger fettlöslicher Vitamine und essenzieller Fettsäuren. Außerdem wird es benötigt zur Polsterung innerer Organe, für die Bildung zahlreicher Hormone, für den Aufbau unserer Nerven und für andere wichtige Aufgaben unseres Körpers. Fett liefert uns sehr viel Energie und dient gleichzeitig auch als Energiespeicher für Notzeiten. Diese geballte Energie ist für schwer körperlich arbeitende Menschen sinnvoll, da sie in kurzer Zeit viel davon verbrauchen. Dagegen lagert sich bei Personen mit sit-

zender Tätigkeit zu viel durch Fett aufgenommene Energie als Depotfett für kom-
mende Notzeiten ein.

Aber: Fett ist nicht gleich Fett. Es gibt Fett-
arten, die als eher günstig für den Körper
eingestuft werden und welche, die eher
ungünstig wirken.

Fette bestehen aus gesättigten, einfach
ungesättigten und mehrfach ungesättigten Fettsäuren. Grundsätzlich günstig sind
Fette mit möglichst viel einfach- und mehrfach ungesättigten Fettsäuren. Das sind
alle pflanzlichen Öle, wie zum Beispiel
Distel-, Oliven-, Sonnenblumen- oder Mais-
keimöl.

Fette tierischer Herkunft liefern überwie-
gend gesättigte Fettsäuren, die zu einem
hohen Blutfettspiegel beitragen und damit
Herz-Kreislauf-Erkrankungen durch Veren-
gung der Arterien (Arteriosklerose) begüns-
tigen können. Ausnahmen bestätigen die
Regel, so auch hier: Fischöl, obwohl ein
tierisches Fett, ist reich an günstigen Fettsäuren; Kokosfett, wenngleich ein Pflan-
zenfett, besteht vorwiegend aus ungünsti-
gen gesättigten Fettsäuren.

Dennoch gilt weiterhin die Grundregel:
Wichtiger fürs Wohlfühlgewicht ist zuerst
die Menge des Fettes, die wir zu uns nehmen. Wer die günstigen Fette bevorzugt,
verwöhnt zusätzlich seinen Körper. Er wird
es Ihnen mit Wohlbefinden, Gesundheit
und schöner Haut danken.

# Übergewicht: Definition – Entstehung – Ursachen

Medizinisch gesehen ist Übergewicht eine
über das normale Maß hinausgehende
Erhöhung der Körpermasse bzw. der Kör-
perfettmasse. Oder anders ausgedrückt:
Personen, die zu viel wiegen – vor allem
durch zu viel Körperfett – haben Übergewicht.

## Was bedeutet Wohlfühlgewicht?

Früher bestimmte man das Normalgewicht
mithilfe des so genannten Broca-Index
(Körpergröße in cm minus 100 = Normalgewicht in kg). Ein neuer Bewertungs-
schlüssel ist der Body-Mass-Index (BMI).
Er berücksichtigt nicht nur die Körpergröße, sondern auch die Statur jedes Ein-
zelnen.

In einer altersabhängigen Zahlentabelle
kann jeder seinen wünschenswerten BMI-
Wert ablesen:

| Altersgruppe (in Jahren) | wünschens- werter BMI |
|---|---|
| 19 – 24 Jahre | 19 – 24 |
| 24 – 34 Jahre | 20 – 25 |
| 35 – 44 Jahre | 21 – 26 |
| 45 – 54 Jahre | 22 – 27 |
| 55 – 64 Jahre | 23 – 28 |
| > 65 Jahre | 24 – 29 |

Und so berechnen Sie Ihren persönlichen Body-Mass-Index (BMI):

$$BMI = \frac{\text{Körpergewicht (kg)}}{(\text{Körpergröße (m)})^2}$$

Beispiel: Ein Mensch ist 37 Jahre alt, 1,65 m groß und wiegt 67 kg:

$$BMI = \frac{67}{1,65 \times 1,65} = 24,6$$

Der optimale BMI für die Altersgruppe der 35- bis 44-Jährigen liegt zwischen 21 und 26. Innerhalb des wünschenswerten Bereiches (Normalgewicht) liegt unser so genanntes Wohlfühlgewicht. Alles was darüber liegt wird Übergewicht genannt.

Ab einem BMI von mehr als 30 sprechen Fachleute von Fettsucht (Adipositas). Wenn Ihr BMI im wünschenswerten Bereich liegt und Sie sich dennoch nicht wohl fühlen, dann könnte ein zu hoher Anteil an Körperfett die Ursache sein. Aufschluss darüber, ob Sie zu viel Körperfett besitzen, gibt Ihnen letztendlich nur die Messung des Körperfettanteils, nicht Ihre Waage. Fachleute und Ernährungsspezialisten in Arzt- und Ernährungsberatungspraxen sowie in Fitnessstudios, verfügen über entsprechende Geräte, um den Körperfettanteil zu messen. Fragen Sie dort einfach nach.

## Kalorie ist nicht gleich Kalorie

Schuld am Übergewicht ist zunächst einmal eine unausgeglichene Energiebilanz. Das bedeutet: Sie nehmen mehr Kalorien zu sich, als Ihr Körper wieder verbraucht. Die überschüssige Energie wird im Fettgewebe gespeichert. Wie stark die Fettpölsterchen dabei anwachsen, hängt jedoch auch davon ab, in welcher Form Sie die Kalorien aufnehmen.

Kalorie ist nämlich nicht gleich Kalorie. Um Kohlenhydrate in Fett umzuwandeln muss unser Körper erst einmal viel Energie aufwenden. Im Gegensatz dazu wird überschüssiges Nahrungsfett fast ohne „Verluste" als Depotfett angelegt. Für Sie bedeutet das praktisch: Ist Ihr Körper schon ausreichend mit Energie versorgt, nehmen Sie von einer Fettkalorie mehr zu als von einer Kohlenhydratkalorie.

Und außerdem: Ein Gramm Kohlenhydrate und ein Gramm Eiweiße liefern jeweils etwa 4 Kalorien. Ein Gramm Fett dagegen liefert mehr als doppelt so viel Energie, nämlich etwa 9 Kalorien. Auch deshalb ist es wichtig, möglichst wenig Fett zu essen. Haben Sie schon einmal darüber nachgedacht, wie viel Fett Sie täglich essen? Mit großer Wahrscheinlichkeit gehören auch Sie zu der Gruppe von Personen, die im Durchschnitt mehr als 100 g Fett am Tag essen.

Wussten Sie, dass fünf Scheiben Salami bereits etwa die Hälfte unseres täglichen Fettbedarfs abdecken? Wenn Sie jeden Tag nur 20 g Fett – steckt etwa in einer halben Tafel Schokolade oder in 1–2 Esslöffeln Öl – zu viel essen, sind das im Monat bereits mehr als ein Pfund und über ein Jahr gesehen bereits über 7 Kilogramm Fett zu viel.

Viele unserer Lieblingsspeisen sind sehr fettreich: Dazu gehören Pommes frites, fette Wurst- und Käsesorten, Sahne- und Buttercremetorten, Rührkuchen und Gebäck, aber auch die Butter fürs Brot, das Salatöl oder das Fett zum Braten.

### *Auch hungern macht fett*

Die zweithäufigste Ursache für Übergewicht und einen zu hohen Körperfettanteil sind die vielen Schlankheitsdiäten. Sie erzielen nur kurzfristige Erfolge. Die Gewichtsabnahme beruht vorwiegend auf dem Verlust an Wasser und Muskelmasse. Kurz nach der Diät lagert der Körper aber noch mehr Fett ein als zuvor und das Gewicht klettert wieder so hoch, dass man sich zur nächsten Schlankheitskur gezwungen sieht. Ein Teufelskreis beginnt: abnehmen – zunehmen – abnehmen. Der so genannte Jojo-Effekt.

Die Ursache für dieses Dilemma liegt weit zurück. Der menschliche Körper ist seit Jahrtausenden trainiert, für Notzeiten gerüstet zu sein. Nahrungsreserven, das heißt überschüssige Kalorien, werden in Form von Fett gespeichert. Diese Fettreserven werden aber in Hungerperioden geschont, da der Energieverbrauch des Körpers sinkt.

Bei einer Diät geschieht das Gleiche. Kalorien werden eingespart und wir kommen mit weniger Nahrung aus. Das Resultat: Nach einigen Wochen nehmen wir nicht weiter ab, der Körper hat sich auf weniger Nahrung eingestellt. Nach der Diät nehmen wir zwangsläufig wieder zu. Der Energieverbrauch läuft ja noch auf Sparflamme.

Die Zunahme erfolgt sogar von Mal zu Mal schneller. Nicht genug, dass das Gewicht immer weiter steigt, auch der Fettanteil vergrößert sich. Denn während der Diät gehen hauptsächlich Muskelmasse und Wasser verloren.

# Abnehmen mit LOW FETT-30

Japaner und Chinesen machen es uns vor. Sie essen fettarm und sind deshalb meist schlanker als wir. Versuchen darum auch Sie das asiatische Erfolgsrezept nachzuahmen und achten Sie von heute an auf die richtige Menge Fett in Ihrer Nahrung. Wenn Sie Ihr Gewicht halten wollen, sind 60–80 g Fett genug. Um abzunehmen, sollten es nicht mehr als 40–60 g sein. LOW FETT 30 zeigt Ihnen, wie Sie Ihr Ziel ganz leicht erreichen können. Der Clou dabei ist: Sie brauchen nicht erst umständlich die täglich aufgenommene Fettmenge zu berechnen. Wenn Sie ausschließlich Lebensmittel wählen, die LOW FETT 30 sind, ernähren Sie sich automatisch fettarm. Denn diese liefern maximal 30% der Kalorien in Form von Fett.

> *Die auf vielen Lebensmittelpackungen angegebenen Prozentwerte beziehen sich auf das Gewicht: z. B., wie viel Gramm Fett sind enthalten pro 100 g des Produktes. Diese Gewichtsprozent-Angabe dürfen Sie nicht mit den Fettkalorienprozenten in der LOW FETT 30-Tabelle (S. 76/77) verwechseln!*

Im Rezeptteil dieses Buches finden Sie viele LOW FETT 30-Rezepte, die Ihren Speiseplan bereichern werden.

## So berechnen Sie die Fettkalorien

Die Fettkalorien jedes Lebensmittels können Sie ganz einfach selbst berechnen. Sie benötigen dazu lediglich dessen Kalorien- und Fettgehalt pro 100 Gramm. Beides finden Sie auf den Lebensmittelverpackungen. Außerdem müssen Sie noch wissen, dass 1 g Fett 9 Kalorien liefert. Die Formel lautet:

$$\frac{\text{Fettgehalt in g pro 100} \times 9 \times 100}{\text{Kaloriengehalt in kcal pro 100 g}} = \% \text{ Fettkalorien}$$

Vollmilch hat beispielsweise 68 Kalorien pro 100 g und 3,8 g Fett. Der Fettkaloriengehalt berechnet sich dann folgendermaßen:

$$\frac{3,8 \times 9 \times 100}{68} = 50,3\% \text{ Fettkalorien}$$

Fettarme Milch hingegen hat nur 47 kcal pro 100 g und 1,5 g Fett. Ihr Fettkaloriengehalt lautet:

$$\frac{1,5 \times 9 \times 100}{47} = 28,7\% \text{ Fettkalorien}$$

Fettarme Milch ist also LOW FETT 30 und deshalb der Vollmilch vorzuziehen. Lebensmittel, die weniger Fett enthalten, sind nicht ärmer an Vitaminen oder an Mineralstoffen. Oftmals enthalten sie sogar mehr davon. Obwohl Sie Ihrem Köprer also weniger Kalorien zuführen, liefern Sie ihm mehr Vitamine, Mineralstoffe, Ballaststoffe und wichtige bioaktive Substanzen. Kurz gesagt: Mit LOW FETT 30 essen Sie leichter, gesünder und werden satt.

In wissenschaftlichen Studien hat sich gezeigt, dass Brot besser sättigt als Butter. Außerdem hat die Butter auf dem Brot schnell genauso viel Kalorien wie die ganze Brotscheibe. Oder vier Esslöffel Öl haben genauso viel Kalorien wie ein ganzes Kilo Gurken!

Essen Sie bevorzugt Lebensmittel, die viel Kohlenhydrate enthalten. Sie sättigen anhaltender und machen nicht träge. Dazu gehören Brot, Reis, Kartoffeln, Nudeln und Getreide. Außerdem dürfen Sie bei Gemüse und Obst zugreifen. Durch deren relativ hohen Ballaststoffgehalt tragen sie zur Sättigung und einer guten Verdauung bei. LOW FETT 30 bietet Ihnen die Chance, ohne zu hungern abzunehmen. Sie können alles essen, es kommt eben nur auf die Fettmenge an.

### *„Erfolgsrezept Wohlfühlgewicht"*

Damit Ihr „Erfolgsrezept Wohlfühlgewicht" gelingt, benötigen Sie neben wenig Fett und viel Kohlenhydraten auch eine gute Portion Bewegung. Dreimal die Woche eine größere Dosis Ausdauersport wie Schwimmen, Rad fahren, Tanzen oder Ähnliches wirken Wunder. Würzen Sie das Ganze täglich mit mehreren Prisen Alltagsbewegung, wie Spazieren gehen, Treppen steigen oder Gartenarbeit. Bereiten Sie alles mit viel Spaß zu. Als wöchentliches Menü genossen, trägt dies vorzüglich zu Ihrer Gesundheit, Zufriedenheit, guten Laune und Fitness bei.

# Tipps aus der Praxis

## ✳ Fettarme Brotaufstriche

Ersetzen Sie die Margarine oder Butter auf dem Brot einfach durch einen fettarmen Streichkäse oder durch Tomatenmark. Probieren Sie auch mal Sojaquark, körnigen Frischkäse oder Gemüseaufstriche aus.

## ✳ Der kleine Hunger zwischendurch

Geeignet sind Laugenstangen, Müslistangen, Vollkornbrötchen, Fladenbrote, Obst- und Gemüsestücke mit einem leichten Dip, Müsli, Jogurt und Quark mit Obst.

## ✳ Fettfrei Saucen binden

Sparen Sie, besonders wenn sie auswärts essen, an hellen Saucen und Fertig-Dressings. Fast alle Saucen enthalten reichlich Fett. Bevorzugen Sie selbst zubereitete Saucen aus püriertem Gemüse.

## ✳ Knackiger Salat braucht nur wenig Öl

Messen Sie Ihr Öl und Fett mit einem Löffel genau ab. Mit einem Esslöffel Salatöl haben Sie bereits ein Viertel der maximal empfohlenen Fettmenge erreicht.

## ✳ „Light" heißt nicht unbedingt „fettreduziert"

Vorsicht bei Light- oder Diät-Produkten: die Begriffe „Light" oder „Diät" auf der Verpackung sagen nicht immer etwas über den Fettkaloriengehalt aus. Auf einem Mineralwasser kann zum Beispiel „Light" stehen, weil es weniger Kohlensäure als das übliche Produkt hat. Vielfach sind Light-Produkte Lebensmittel, die in der üblichen Rezeptur bereits sehr viele Fettkalorien liefern. Auch in der erleichterten Variante enthalten Sie meistens noch eine Menge Fett. Sicherer ist die Angabe „fettreduziert" oder „x-% (z. B. 40%) weniger Fett".

## ✳ Absolut ist nicht Prozent

Bei Käse ist die Angabe „% Fett in der Trockenmasse" (F.i.Tr.) üblich. Aber das ist nicht der absolute Fettgehalt (g Fett in 100 g des Lebensmittels). Den ermitteln Sie folgendermaßen: multiplizieren Sie die Angabe Fett in Trockenmasse für Frischkäse mit dem Faktor 0,3; für Weichkäse mit 0,5; für Schnittkäse mit 0,6; für Hartkäse mit 0,7.

# Fett sparen durch Alternativen

**statt**                                                **besser**

### Streichfette

Butter, Margarine                          Halbfettbutter/-margarine,
                                           allgm.: fettarmer Streichkäse, -rahm,
                                           Quark, Tomatenmark

### Fleisch- und Wurstwaren

diverse Sorten Schnittwurst                gekochter Schinken, Lachsschinken,
(z.B. Salami)                              Kasseler, Corned Beef
Würste am Stück/Streichwürste              Geflügelfleisch, -brust, -wurst (z. B. Truthahn)
Schweine- oder gemischtes Hackfleisch      Rinderhackfleisch, Tatar, Sojahack,
Bratwurst                                  Geflügelbratwurst, Sojabratwurst/-bratlinge
Speck zum Kochen                           fettarme Salami (Rinder-, Geflügelsalami)
                                           allg.: vegetarische Aufstriche, Fischgerichte

### Milch und Milchprodukte

Milch, Jogurt, Dickmilch 3,5% Fett         Milch, Jogurt, Kefir bis 1,5% Fett
Kondensmilch 4% Fett                       Milch bis 1,5% Fett
Kondensmilch 10–12% Fett                   Kondensmilch bis 4% Fett
Speisequark 20%, 40% Fett                  Speisequark Magerstufe
Schlagsahne in Müsli und Frischkornbrei    Milch 1,5% Fett, Buttermilch oder Fruchtsaft
Schlagsahne, Crème fraîche                 saure Sahne bis 10% Fett
Schlagsahne in Aufläufen und Saucen        die halbe Menge durch Milch 1,5% Fett
(bei Mengen von mehr als 1–2 Esslöffeln)   ersetzen (Sauce aus Gemüsebrühe und
                                           Schmelzkäse)
Majonäse                                   fettreduzierte Majonäse
                                           Buttermilch-, Essig-Öl-, Jogurtdressing

### Käse

diverse Sorten Schnittkäse (z.B. Gouda)    fettarmer Schnittkäse bis 17% Fett absolut
diverse Sorten Weichkäse                   Camembert oder Weichkäse bis 14% Fett
                                           absolut
Schmelzkäse                                Schmelzkäse bis 11% Fett absolut

*Tipps aus der Praxis*

# Fett sparen durch Alternativen

| statt | besser |
|---|---|

### Käse

| | |
|---|---|
| Frischkäse | fettarmer Frischkäse bis 8% Fett absolut allg.: Kräuterquark, vegetarische Aufstriche |

### zum Binden

| | |
|---|---|
| Schmand 24% Fett absolut | saure Sahne bis 10% Fett absolut |
| Ei (bei Fleischteig oder Hefeteig) | Magerquark, Hefeflocken |
| Ei (für Saucen oder Suppen) | Hefeflocken, Haferkleieflocken, Kartoffelmehl |
| Sahne (für Tortenfüllungen) | Magerquark mit Jogurt und Gelatine |

### Salate und Fertiggerichte

| | |
|---|---|
| fettreiche Feinkostsalate | fettarme Feinkostsalate (weniger 30% Fett) |
| fettreiche Fertiggerichte | Fertiggerichte mit maximal 30% Fettkalorien (siehe LOW FETT-30-Tabelle oder Nährwertangaben) |

### Kuchen und Kleingebäck

| | |
|---|---|
| Rührkuchen, Sahne-, Buttercremetorten | Obstkuchen mit Hefe-, Biskuit-, Quark-Öl-Teig |
| Croissants, Butterhörnchen, Blätterteiggebäck | Hefehörnchen, Knusper-, Müslistangen |

### Süße und salzige Knabberartikel

| | |
|---|---|
| Kekse z.B. Butterkeks oder mit Schokolade | Knusperstangen, Obst, Fruchtgummi, |
| Schokolade/Schokoladenriegel | Lakritze, Fruchtbonbons, |
| Kartoffelchips, Nüsse aller Art | Salzstangen oder -brezeln, gebackene Chips, knackige Gemüsestücke mit Quarkdip |

### Eis

| | |
|---|---|
| Eiscreme (Kugeln), Milcheiscreme | Fruchteis (Kugeln) |
| fertige Einzelpackungen (z. B. Magnum, Nogger) | Fruchteistüte (z. B. Cornetto Erdbeer, bottermelk fresh) |

# LOW FETT 30 auf italienische Art

Pizza, Pasta, Risotto und noch vieles mehr, das bietet nicht jedes Ernährungsprogramm. Die italienische Küche ist beliebt bei jung und alt. Zahlreiche italienische Gerichte haben in die deutsche Alltagsküche Eingang gefunden und die Zutaten erhält man mittlerweile in jedem Supermarkt. So fällt eine Umstellung der Ernährung nach dem LOW FETT 30-Prinzip gar nicht schwer. Selbst vermeintliche Kalorienbomben wie Pizza und verschiedene Pastagerichte können Sie genießen. Die mediterane Küche ist überdies für den Einsatz von gesunden und frischen Produkten bekannt. Olivenöl, aus der Küche Italiens nicht wegzudenken, wird eine positive Wirkung auf das Herz-Kreislauf-System zugesprochen. Es ist somit eines der „guten" Fette. Trotzdem sollten Sie daran denken, es sparsam einzusetzen.

Probieren Sie die Rezepte in diesem Buch aus und Sie werden begeistert sein. Machen Sie es den Italienern nach und laden Sie sich Freunde zum Essen ein. Eine italienische LOW FETT 30-Party kommt bestimmt gut an, denn gemeinsam macht Abnehmen noch viel mehr Spaß.

Möchten Sie sich über den Fettkalorienwert einzelner Zutaten informieren, so schauen Sie in der Tabelle auf den Seiten 76 und 77 nach. Sie enthält eine Auswahl typisch italienischer Zutaten. Auch beim Zubereiten Ihrer persönlichen Rezepte der italienischen Küche kann Ihnen die Tabelle behilflich sein. Um den Fettkalorienwert des gesamten Gerichtes zu berechnen, müssen Sie die Kalorienwerte der verwendeten Zutaten sowie die Fettwerte addieren und diese dann in die LOW FETT-Formel Seite 12 einsetzen. Ein Tipp: Sollten Sie einen zu hohen Fettkalorienwert herausbekommen, so erhöhen Sie den Anteil der kohlenhydratreichen Zutaten (Reis, Nudeln, Brot, Kartoffeln) und reduzieren etwas die fettreicheren (Fett zum Braten, Sahne, Käse). Die Austauschtabelle auf den vorangegangenen Seiten wird Ihnen dabei behilflich sein. Möchten Sie Informationen zu weiteren Lebensmitteln haben, so empfehlen wir Ihnen unsere „LOW FET 30-Tabelle", erhältlich bei Ihrem Buchhändler .

Wir wünschen Ihnen viel Spaß beim Ausprobieren der Rezepte. Buon appetito!

# Hinweise zu den Rezepten

**Portionsgrößen**

Wenn nicht anders angegeben, sind die Rezepte für 2 Personen berechnet.

**Zubereitungszeiten**

Hier steht die Zeit, die Sie benötigen, um das ganze Gericht zuzubereiten. Sollten dabei längere Zeitspannen auftreten, in denen Sie nichts zu tun haben, so haben wir diese gesondert in Klammern als Back-, Quell-, Kühlzeit usw. aufgeführt.

**Kalorien- und Nährwertangaben**

Sie beziehen sich immer auf 1 Portion des Gerichts. Die Prozentangabe steht für Fettkalorienprozent.

**Zutatenmengen**

Wenn nicht anders angegeben, gehen wir bei Obst und Gemüse von ungeputzter Rohware aus. Bei Stückangaben (z. B. 1 Zucchini) beziehen wir uns auf ein Stück mittlerer Größe.

**Backofentemperaturen**

Sie beziehen sich auf den Elektroherd mit Ober- und Unterhitze. Wenn Sie mit Umluft arbeiten, reduzieren Sie die Temperatur um 20%. Die Backzeit bleibt gleich.

## Die Abkürzungen

| | | |
|---|---|---|
| TL | = | Teelöffel (gestrichen) |
| EL | = | Esslöffel (gestrichen) |
| Msp. | = | Messerspitze |
| g | = | Gramm (1000 g = 1 kg) |
| kg | = | Kilogramm |
| ml | = | Milliliter (1000 ml = 1 l) |
| l | = | Liter |
| kcal | = | Kilokalorien (oder einfach: Kalorien) |
| gem. | = | gemahlen |
| getr. | = | getrocknet |
| i. Tr. | = | in Trockenmasse |
| ca. | = | circa |
| °C | = | Grad Celsius |
| TK- | = | Tiefkühl... |
| ∅ | = | Durchmesser |
| cm | = | Zentimeter |

# Cucina italiana

Pasta, Pizza, Risotto und noch vieles mehr
stellen sich auf den folgenden Seiten von
ihrer Low Fat Seite vor. Genießen Sie es,
auf leichte Art italienisch zu schlemmen.
Buon appetito!

# Antipasti

## Bunte Gemüse-vorspeise

*Antipasto di legumi*

**Für 2 Personen**
**Zubereitungszeit: ca. 30 Min.**
**(plus 1 Std. Marinierzeit)**
**320 kcal · 9 g Fett · 25%**

*2 Zucchini*
*1 rote Paprika*
*1 gelbe Paprika*
*1 Gemüsezwiebel*
*100 g große Champignons*
*200 ml Gemüsebrühe*
*1 EL Olivenöl*
*1 EL Balsamico-Essig*
*Pfeffer*
*1 EL geh. italienische Kräuter*
*(Basilikum, Oregano,*
*Rosmarin)*
*1 Knoblauchzehe*
*6 Scheiben Baguette*

**1.** Das Gemüse waschen und putzen. Die Zucchini längs in dickere Scheiben schneiden. Die Paprikas entkernen und vierteln. Die Zwiebel schälen und in dickere Scheiben schneiden. Die Champignons halbieren.

**2.** Die Brühe aufkochen. Das Gemüse einzeln in die Brühe geben und jeweils etwa 5 Minuten garen. Gut abtropfen lassen.

**3.** Aus dem Öl, Essig, Pfeffer und Kräutern eine Marinade zubereiten. Den Knoblauch dazupressen. Das warme Gemüse mit der Marinade beträufeln und zugedeckt etwa 1 Stunde ziehen lassen. Zusammen mit dem Brot servieren.

## Marinierte Möhren

*Carotine in agro-dolce*

**Für 2 Personen**
**Zubereitungszeit: ca. 20 Min.**
**(plus 12 Std. Marinierzeit)**
**250 kcal · 7 g Fett · 25%**

*250 g junge Möhren*
*Salz*
*1 kleine Zwiebel*
*1 Knoblauchzehe*
*75 ml milder Weinessig*
*$1/2$ TL Zucker*
*Pfeffer, 1 Lorbeerblatt*
*1 Msp. getr. Oregano*
*1 EL Olivenöl*
*2 El geh. Petersilie*
*6 Scheiben Ciabattabrot*

**1.** Die Möhren waschen, putzen und in $1/2$ cm dicke Scheiben schneiden. Die Möhren in kochendes Salzwasser geben und etwa 5 Minuten garen.

**2.** Die Zwiebel und den Knoblauch schälen und fein hacken. Zusammen mit dem Essig, Zucker, Pfeffer und den Gewürzen verrühren.

**3.** Die Möhren abtropfen lassen und noch heiß mit der Marinade mischen. Zugedeckt etwa 12 Stunden ziehen lassen.

**4.** Die Möhren abtropfen lassen und mit dem Öl beträufeln. Mit der Petersilie bestreuen und zusammen mit dem Brot servieren.

*Zucchini mit Kräutern*

# Zucchini mit Kräutern

*Zucchini all'erbe*

**Für 2 Personen**
**Zubereitungszeit: ca. 20 Min.**
**(plus 2 Std. Marinierzeit)**
**250 kcal · 7 g Fett · 25%**

*300 g kleine Zucchini*
*Salz, 1 EL Olivenöl*
*2 je Stängel Minze und*
*Basilikum*
*¹/₂ Bd. glatte Petersilie*
*2 Knoblauchzehen*
*3 EL Weißweinessig*
*Pfeffer*
*1 Prise Zucker*
*2 Scheiben Baguette*

**1.** Zuerst die Zucchini waschen, putzen und in etwas dickere Scheiben schneiden. Mit Salz bestreuen und etwa 10 Minuten Wasser ziehen lassen.

**2.** Das Öl in einer Pfanne erhitzen. Die Zucchini mit Küchenkrepp abtupfen und im Öl braten. Auf Küchenkrepp entfetten und auf 2 Tellern anrichten.

**3.** Die Kräuter waschen, trockentupfen und fein hacken. Den Knoblauch schälen, durchpressen und mit den Kräutern mischen. Die Hälfte der Kräuter-Knoblauch-Mischung mit dem Essig, Salz, Pfeffer und Zucker verrühren. Die Zucchini damit beträufeln.

**4.** Die restliche Kräuter-Knoblauch-Mischung auf den Zucchini verteilen und zugedeckt etwa 2 Stunden durchziehen lassen. Zusammen mit dem Brot servieren.

VERNACCIA
DI S. GIMIGNANO
DENOMINAZIONE DI ORIGINE CONTROLLATA
DELLADIO ZENI ALBERTINA
A SOVESTRO DI SAN GIMIGNANO

## Brotsalat mit Tomaten

*Panzanella*

**Für 2 Personen**
**Zubereitungszeit: ca. 30 Min.**
**(plus 1 Std. Marinierzeit)**
**250 kcal · 8 g Fett · 30%**

*120 g altbackenes Weißbrot*
*1 kleine Zwiebel*
*1 Knoblauchzehe*
*150 g Tomaten*
*1/2 Salatgurke*
*1/2 Bd. Basilikum*
*1 EL Weißweinessig*
*1–2 EL Gemüsebrühe*
*Salz und Pfeffer*
*1 Prise Zucker*
*2 TL Olivenöl*
*1 TL Kapern*

**1.** Das Brot würfeln mit knapp 1/8 l kaltem Wasser übergießen und etwa 15 Minuten einweichen lassen.

**2.** Inzwischen die Zwiebel und den Knoblauch schälen und fein hacken. Die Tomaten waschen, entkernen und die Stielansätze entfernen. Die Gurke waschen und schälen. Beides in kleine Würfel schneiden. Das Basilikum waschen, trockentupfen und in feine Streifen schneiden.

**3.** Den Essig mit Gemüsebrühe, Salz, Pfeffer und Zucker verrühren. Das Öl unterrühren. Das Gemüse und das Brot mit der Marinade mischen und das Ganze mit dem Basilikum und den Kapern bestreuen. Den Salat etwa 1 Stunde zugedeckt durchziehen lassen.
*(auf dem Foto)*

## Zuckererbsen-Brokkoli-Salat

*Insalata di broccoli*

**Für 2 Personen**
**Zubereitungszeit: ca. 20 Min.**
**230 kcal · 7 g Fett · 27%**

*200 g kleine Brokkoliröschen*
*Salz*
*400 g Zuckerschoten*
*8 Radicchioblätter*
*2 EL Maiskörner (aus der Dose)*
*1 EL Balsamico-Essig*
*1 EL Zitronensaft*
*1 EL Olivenöl*
*Pfeffer*
*1 EL geh. Basilikum*

**1.** Den Brokkoli in etwas Salzwasser etwa 5 Minuten blanchieren, herausnehmen, kalt abschrecken und abtropfen lassen. Die Zuckerschoten und den Radicchio putzen und waschen.

**2.** Dann 2 Teller mit den Radicchioblättern auslegen. Den Brokkoli, die Zuckerschoten und den Mais darauf verteilen.

**3.** Für die Marinade den Essig mit dem Zitronensaft, Öl, Salz und Pfeffer verrühren. Die Marinade über das Gemüse verteilen und den Salat mit dem Basilikum bestreut servieren.

# Meeresfrüchtesalat

*Insalata di mare*

**Für 2 Personen**
**Zubereitungszeit: ca. 50 Min.**
**(plus 2 Std. Marinierzeit)**
**300 kcal · 9 g Fett · 27%**

*250 g frische Erbsen*
*(in Hülsen)*
*Salz*
*250 g TK-Tintenfisch*
*1 Zitrone*
*100 g gekochte, geschälte*
*Garnelen*
*1 rote Peperoni*
*1 Knoblauchzehe*
*1 EL Olivenöl*
*$^1/_2$ Bd. glatte Petersilie*
*1 TL geh. Oregano*
*Pfeffer*

**1.** Die Erbsen enthülsen und in Salzwasser etwa 15 Minuten garen. In einem anderen Topf Wasser mit dem Saft von $^1/_2$ Zitrone und etwas Salz aufkochen und den Tintenfisch etwa 10 Minuten darin garen. Herausnehmen, etwas klein schneiden und mit den Erbsen und den Garnelen mischen.

**2.** Für die Marinade die Peperoni waschen, entkernen und in sehr feine Ringe schneiden. Den Knoblauch schälen, hacken und dazugeben. Den Saft der restlichen $^1/_2$ Zitrone auspressen und mit dem Öl verrühren. Die Petersilie waschen, trockentupfen und fein hacken.

**3.** Peperoniringe, Knoblauch und die Kräuter zum Öl geben. Mit Salz und Pfeffer abschmecken. Den Salat mit der Marinade mischen und im Kühlschrank zugedeckt etwa 2 Stunden durchziehen lassen.

# Schinken mit Feigen

*Bresaola con fico*

**Für 2 Personen**
**Zubereitungszeit: ca. 5 Min.**
**280 kcal · 4 g Fett · 13%**

*100 g luftgetrockneter*
*Rinderschinken,*
*z.B. Bresaola (sehr dünn*
*geschnitten)*
*4 frische Feigen*
*grober schwarzer Pfeffer*
*aus der Mühle*
*4 Stangen Grissini*

Die Schinkenscheiben auf 2 Tellern verteilen. Die Feigen halbieren und dazu anrichten. Mit Pfeffer bestreuen und zusammen mit den Grissini servieren.

**Tipps**
*Frische Feigen kommen zwischen Juli und November in den Handel. Achten Sie darauf, dass die Früchte süß duften und eine fleckenlose, nicht klebrige Schale aufweisen.*
*Die etwas bekanntere Variante „Melone mit Schinken" können Sie natürlich auch anbieten. Nehmen Sie dazu pro Person $^1/_4$ Honigmelone.*

*Geröstete Brotscheiben mit Leber*

## Geröstete Brotscheiben mit Leber

*Crostini con fegato*

Für 2 Personen
Zubereitungszeit: ca. 40 Min.
370 kcal · 11 g Fett · 27%

*100 g frische Champignons*
*1 Stück Sellerie (ca. 20 g)*
*1 kleine Möhre, 1 TL Olivenöl*
*1 TL Butter, 1 Schalotte*
*125 g Geflügelleber*
*1 EL geh. Petersilie*
*1 EL Semmelbrösel*
*1 TL Zitronensaft*
*Salz und Pfeffer*
*1 TL Parmesan*
*6 Scheiben Weißbrot*

**1.** Die Champignons putzen. Den Sellerie und die Möhre putzen und waschen. Alles in kleine Würfel schneiden.

**2.** Das Öl und die Butter in einer Pfanne erhitzen. Die Schalotte schälen, fein würfeln und darin andünsten. Die Champignons, das Gemüse und die Leber dazugeben und alles etwa 5 Minuten schmoren.

**3.** Das Ganze im Mixer fein pürieren oder sehr fein hacken. Die Lebermasse mit der Petersilie zurück in die Pfanne geben, 3 Esslöffel Wasser hinzufügen und alles etwa 5 Minuten köcheln lassen. Das Ganze mit den Semmelbröseln binden.

**4.** Die Leberfarce mit Zitronensaft, Salz, Pfeffer und Parmesan abschmecken. Den Backofen auf 200 °C Oberhitze vorheizen.

**5.** Die Weißbrotscheiben halbieren, die Lebercreme darauf verteilen und im Ofen kurz überbacken.

## Cremige Bohnensuppe

*Crema di Cannellini*

**Für 2 Personen**
**Zubereitungszeit: ca. 2 Std.**
**(plus 12 Std. Einweichzeit)**
**220 kcal · 7 g Fett · 29%**

*100 g weiße Bohnen*
*25 g getrocknete Steinpilze*
*1 kleine Zwiebel*
*1 EL Butter*
*$^1/_2$ l Hühnerbrühe*
*Salz und Pfeffer*
*2 EL geh. Petersilie*

**1.** Die Bohnen über Nacht in reichlich Wasser einweichen. Am nächsten Tag die Bohnen zusammen mit dem Einweichwasser zum Kochen bringen und etwa 1$^1/_2$ Stunden köcheln lassen. Anschließend die Bohnen abgießen.

**2.** In der Zwischenzeit die Pilze in lauwarmem Wasser etwa 20 Minuten einweichen. Herausnehmen, fein hacken, dabei das Einweichwasser aufbewahren. Die Zwiebel schälen und in feine Ringe schneiden.

**3.** Die Butter in einem größeren Topf zerlassen. Die Zwiebelringe darin anbraten. Die Pilze und die Bohnen hinzufügen und alles mit der Brühe und dem Einweichwasser der Pilze aufgießen. Die Suppe etwa 15 Minuten köcheln lassen, anschließend pürieren. Mit Salz und Pfeffer abschmecken und mit der Petersilie bestreut servieren.

## Weiße Bohnen in Tomaten-Kräuter-Sauce

*Fagioli con salsa di pomodoro*

**Für 2 Personen**
**Zubereitungszeit: ca. 1$^1/_2$ Std.**
**(plus 12 Std. Einweichzeit)**
**250 kcal · 7 g Fett · 25%**

*125 g weiße Bohnen*
*1 Zwiebel*
*1 Knoblauchzehe*
*250 g Tomaten*
*1 EL Olivenöl*
*1 Msp. getr. Rosmarin*
*1 Msp. getr. Oregano*
*Salz und Pfeffer*

**1.** Die Bohnen mit kaltem Wasser bedecken und über Nacht einweichen lassen. Am nächsten Tag mit dem Einweichwasser aufkochen lassen und bei milder Hitze etwa 1 Stunde köcheln lassen.

**2.** Die Zwiebel und den Knoblauch schälen und fein würfeln. Die Tomaten über Kreuz einritzen, mit kochendem Wasser überbrühen, enthäuten, entkernen und würfeln.

**3.** Das Öl in einem Topf erhitzen. Zwiebel- und Knoblauchwürfel darin glasig dünsten. Die Tomaten und die Bohnen dazugeben und bei mittlerer Hitze etwa 10 Minuten köcheln lassen. Die Kräuter dazugeben und mit Salz und Pfeffer abschmecken.
*(auf dem Foto)*

**Tipp**
*Die Bohnen können Sie lauwarm oder kalt als Vorspeise servieren. Sie eignen sich auch hervorragend als Beilage zu Fleisch.*

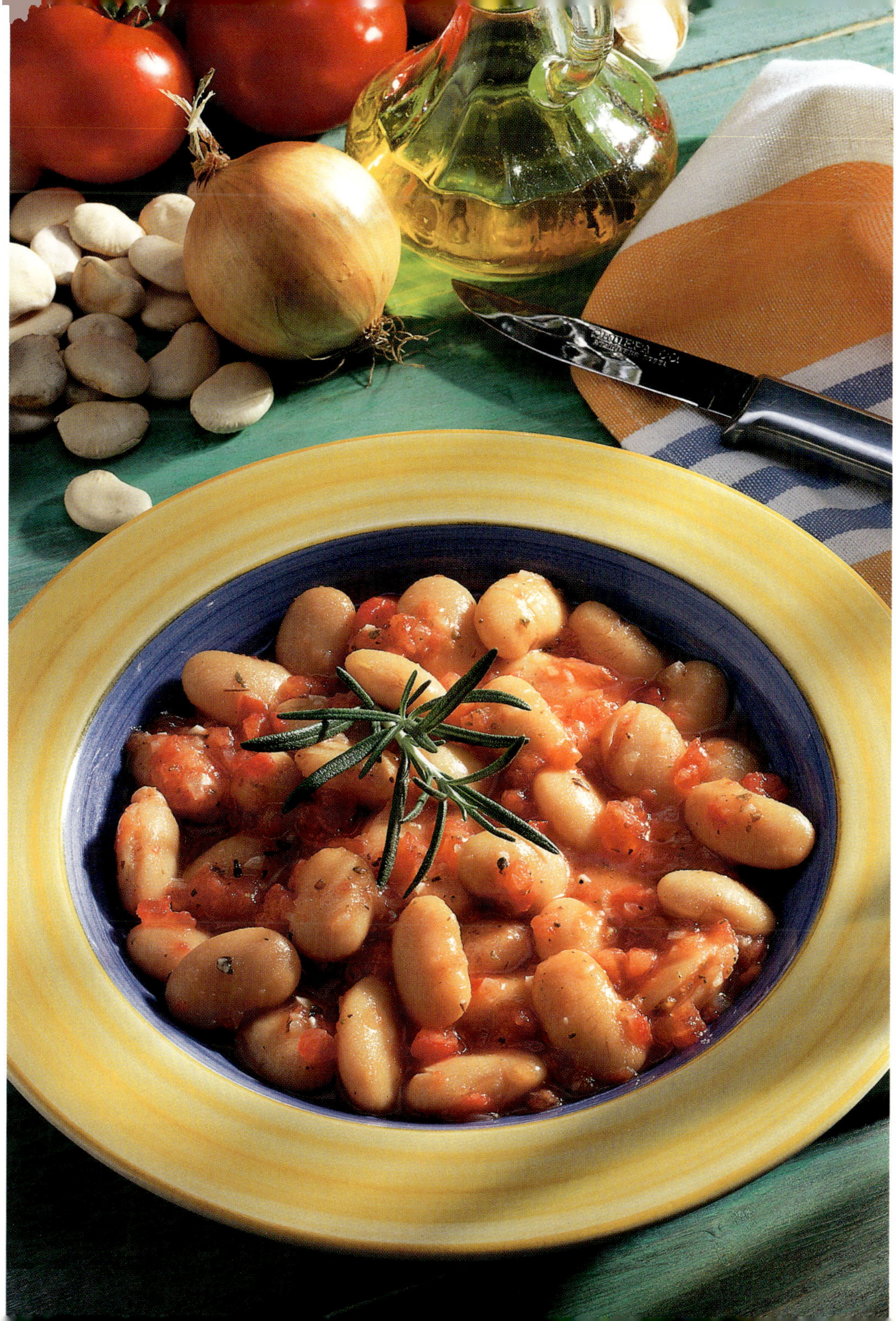

## Zucchinisuppe mit Muscheln

*Minestra di zucchini con vongole*

Für 2 Personen
Zubereitungszeit: ca. 45 Min.
300 kcal · 8 g Fett · 24%

*300 g Zucchini*
*1 Zwiebel*
*1 Knoblauchzehe*
*1 TL Olivenöl*
*350 ml Geflügelbrühe*
*Salz und Pfeffer*
*300 g Venusmuscheln*
*100 ml Weißwein*
*75 g saure Sahne*
*(10% Fett i. Tr.)*
*1 EL Basilikumblättchen*
*2 Scheiben Weißbrot*

**1.** Die Zucchini waschen und würfeln. Die Zwiebel und den Knoblauch schälen und fein hacken. Das Öl in einem größeren Topf zerlassen. Die Zwiebel- und die Knoblauchwürfel darin andünsten. Die Zucchini hinzufügen und kurz anbraten.

**2.** Die Brühe dazugießen, die Suppe mit Salz und Pfeffer abschmecken und zugedeckt etwa 25 Minuten bei kleiner Hitze köcheln lassen.

**3.** In der Zwischenzeit die Muscheln unter fließendem Wasser gut abbürsten, bereits geöffnete Muscheln wegwerfen. Die Muscheln entbarten und in einen Topf geben. Den Wein hinzufügen und das Ganze etwa 5 Minuten kochen lassen, bis sich die Schalen öffnen. Die Muscheln abgießen, den Fond dabei auffangen.

**4.** Anschließend die Suppe pürieren und die saure Sahne unterrühren. Die ungeöffneten Muscheln wegwerfen, das Fleisch aus den geöffneten Muscheln herauslösen und in die Suppe geben. Den Muschelfond durch ein sehr feines Haarsieb gießen und ebenfalls zur Suppe geben. Das Basilikum in feine Streifen schneiden, die Suppe damit bestreuen und mit dem Brot servieren.
*(auf dem Foto: unten)*

## Tomatensuppe mit Basilikum

*Zuppa di pomodore al basilico*

Für 2 Personen
Zubereitungszeit: ca. 45 Min.
250 kcal · 8 g Fett · 30%

*500 g Tomaten*
*1 Zwiebel*
*2 TL Butter*
*1/8 l Fleischbrühe*
*1 Prise Zucker*
*Salz und Pfeffer*
*1 EL Grappa*
*4 Scheiben Weißbrot*
*1 Knoblauchzehe*
*1 EL Basilikumblättchen*
*1 EL saure Sahne*

**1.** Die Tomaten über Kreuz einritzen, mit kochendem Wasser überbrühen, kalt abschrecken, enthäuten und entkernen. Das Fruchtfleisch grob würfeln.

**2.** Die Zwiebel schälen, fein würfeln und in 1 Teelöffel Butter andünsten. Die Tomatenwürfel dazugeben und unter gelegentlichen Rühren etwa 30 Minuten dünsten. Die Brühe hinzufügen und die Suppe pürieren. Anschließend mit Zucker, Salz, Pfeffer und Grappa abschmecken.

**3.** Das Weißbrot in Würfel schneiden. Die restliche Butter zerlassen. Den Knoblauch durchpressen und in der Butter andünsten. Die Brotwürfel dazugeben und goldgelb rösten.

**4.** Das Basilikum waschen, trockentupfen und in feine Streifen schneiden. Die Suppe in Teller geben, mit je einem Klecks saure Sahne versehen und mit dem Basilikum und den Brotwürfeln bestreut servieren.
*(auf dem Foto: oben)*

# Pasta, Risotto & Co

## Spagetti mit Paprika-Gemüse-Sauce

*Spaghetti con salsa di peperoni*

**Für 2 Personen**
**Zubereitungszeit: ca. 30 Min.**
**410 kcal · 9 g Fett · 20%**

*150 g Spagetti*
*Salz*
*400 g Tomaten*
*1 EL Balsamico-Essig*
*1 EL Mascarpone*
*(ersatzweise Crème fraîche)*
*1 EL Zitronensaft*
*Pfeffer*
*1 Prise Zucker*
*1 gelbe Paprika*
*150 g Möhren*
*1 TL Olivenöl*
*1 EL geh. Basilikumblättchen*

**1.** Die Spagetti in reichlich Salzwasser bissfest garen.

**2.** Inzwischen die Tomaten über Kreuz einritzen, mit kochendem Wasser überbrühen, kalt abschrecken und enthäuten. Das Fruchtfleisch würfeln. Den Essig, Mascarpone und Zitronensaft hinzufügen und das Ganze pürieren. Mit Salz, Pfeffer und Zucker abschmecken.

**3.** Die Paprika waschen, entkernen und in sehr feine Würfel schneiden. Die Möhren putzen, waschen und sehr fein raspeln. Das Gemüse unter die Tomatensauce rühren.

**4.** Die Spagetti abgießen, mit dem Öl beträufeln und unter die Sauce heben. Die Spagetti mit dem Basilikum bestreuen.

*Tagliatelle mit Zucchini und Garnelen*

## Tagliatelle mit Zucchini und Garnelen

*Tagliatelle con zuccini e gamberetti*

**Für 2 Personen**
**Zubereitungszeit: ca. 30 Min.**
**500 kcal · 15 g Fett · 27%**

*250 g Zucchini*
*200 g Garnelen*
*1 Schalotte*
*1 Knoblauchzehe*
*2 EL Olivenöl*
*150 g Tagliatelle*
*1 Prise Salz*
*einige Safranfäden*
*¹/₂ Bd. Petersilie*

**1.** Die Zucchini waschen und in Scheiben schneiden. Die Garnelen schälen und den schwarzen Darm entfernen. Danach die Schalotte und den Knoblauch schälen und fein hacken.

**2.** Das Öl in einem Topf erhitzen. Die Schalotten- und Knoblauchwürfel darin andünsten. Die Zucchini hinzufügen und etwas anbraten. Die Garnelen dazugeben und alles mit etwas Wasser ablöschen. Das Ganze etwa 5 Minuten garen.

**3.** Die Nudeln in reichlich Salzwasser bissfest garen. Inzwischen die Safranfäden in 3 Esslöffeln Wasser auflösen und zu dem Zucchini-Garnelen-Gemisch geben. Weitere 5 Minuten bei mittlerer Hitze köcheln. Anschließend das Gemüse mit Salz und Pfeffer abschmecken.

**4.** Die Nudeln abgießen und mit dem Gemüse mischen. Die Petersilie hacken und die Nudeln damit bestreuen.

## Bucatini mit Käsesauce

*Bucatini con gorgonzola e ricotta*

**Für 2 Personen**
**Zubereitungszeit: ca. 30 Min.**
**450 kcal · 14 g Fett · 28%**

*150 g Brokkoliröschen*
*1 Prise ger. Muskatnuss*
*150 g Bucatini (dicke Spaghetti)*
*Salz*
*50 g Gorgonzola (fettred.)*
*100 g Ricotta 20% F.i.Tr. (oder*
 *körniger Frischkäse)*
*100 ml Milch*
*Pfeffer*
*Paprikapulver*
*1 TL Butter*

**1.** Die Brokkoliröschen klein schneiden und in etwas Wasser etwa 10 Minuten bissfest garen. Sie dann abgießen und mit dem Muskat würzen.

**2.** In der Zwischenzeit die Bucatini in reichlich Salzwasser bissfest garen.

**3.** Für die Sauce den Gorgonzola entrinden und mit einer Gabel zerdrücken. Den Ricotta und die Milch hinzufügen und alles mit dem Rührgerät zu einer cremigen Masse verrühren. Mit Pfeffer und Paprika abschmecken.

**4.** Die Bucatini abgießen. Die Butter in einem Topf schmelzen und mit dem Brokkoli unter die Nudeln mischen. Die Käsesauce unter die heißen Nudeln heben und alles sofort servieren.

## Spaghetti mit Tunfisch

*Spaghetti al tonno*

**Für 2 Personen**
**Zubereitungszeit: ca. 30 Min.**
**470 kcal · 11 g Fett · 21%**

*80 g Tunfisch (ohne Öl)*
*4 Sardellenfilets*
*$^1/_2$ Bd. Petersilie*
*2 Knoblauchzehen*
*300 g Tomaten*
*1 EL Olivenöl*
*etwas Cayennepfeffer*
*Salz*
*150 g Spaghetti*
*1 EL Kapern*
*1 EL fein geschnittenes Basilikum*

**1.** Den Tunfisch abtropfen lassen und mit einer Gabel zerpflücken. Die Sardellenfilets abspülen und etwas klein schneiden.

**2.** Die Petersilie waschen, trockentupfen und fein hacken. Den Knoblauch schälen und in feine Scheiben schneiden. Die Tomaten über Kreuz einritzen, mit kochendem Wasser überbrühen, kalt abschrecken und enthäuten. Das Fruchtfleisch klein schneiden.

**3.** Das Öl in einer Pfanne erhitzen. Den Knoblauch leicht darin anbraten. Die Sardellenfilets dazugeben, mitdünsten und mit einer Gabel zerdrücken. Die Tomaten und die Petersilie hinzufügen, alles kräftig würzen und etwa 15 Minuten köcheln lassen.

**4.** In der Zwischenzeit die Spaghetti in reichlich Salzwasser bissfest garen. Den Tunfisch und die Kapern zur Tomatensauce geben und etwa 5 Minuten mitköcheln lassen. Die Spaghetti abgießen und mit der Tomatensauce mischen. Mit dem Basilikum bestreut servieren.
*(auf dem Foto)*

## Bavette mit Auberginen und Paprika

*Bavette con le melanzane e peperoni*

**Für 2 Personen**
**Zubereitungszeit: ca. 50 Min.**
**370 kcal · 7 g Fett · 17%**

*1 Aubergine*
*$^1/_2$ grüne Paprika*
*$^1/_2$ gelbe Paprika*
*2 Knoblauchzehen*
*1 EL Olivenöl*
*100 ml Tomatensaft*
*150 g Bavette (schmale Bandnudeln)*
*Salz und Pfeffer*
*1 Prise Cayennepfeffer*
*1 EL geh. Petersilie*

**1.** Die Aubergine waschen und sehr fein würfeln. Die Paprika waschen, entkernen und ebenfalls fein würfeln. Den Knoblauch schälen und sehr fein hacken.

**2.** Das Öl in einem Topf erhitzen. Die Gemüsewürfel und den Knoblauch dazugeben und kurz anbraten. Den Tomatensaft hinzufügen und alles zugedeckt etwa 30 Minuten schmoren lassen.

**3.** In der Zwischenzeit die Bavette in reichlich Salzwasser bissfest garen. Die Sauce mit Salz, Pfeffer und Cayennepfeffer kräftig abschmecken. Die Pasta abgießen und mit der Sauce mischen. Mit der Petersilie bestreut servieren.

## Tortellini mit Gemüse und Garnelen

*Tortellini mare-orto*

**Für 2 Personen**
**Zubereitungszeit: ca. 30 Min.**
**540 kcal · 18 g Fett · 30%**

*100 g enthülste Erbsen (frisch oder TK)*
*1 Zucchini*
*100 g Rucola*
*2 TL Butter*
*150 g gekochte Garnelen*
*2 cl Grappa*
*250 g vorgekochte Tortellini*
*Salz*
*2 EL süße Sahne*
*Pfeffer*
*1 EL geh. Dill*

**1.** Frische Erbsen in etwas Wasser etwa 10 Minuten blanchieren (entfällt bei tiefgekühlten). Zucchini waschen und in dünne Scheiben schneiden. Rucola waschen, trockentupfen und anschließend fein hacken.

**2.** Die Butter in einer Pfanne zerlassen. Erbsen, Zucchini und Rucola dazugeben und etwa 5 Minuten anbraten. Die Garnelen und den Grappa hinzufügen und alles zugedeckt etwa 10 Minuten garen.

**3.** Die Tortellini in reichlich Salzwasser laut Packungsanweisung gar kochen. Die Sahne unter das Gemüse rühren und die Sauce mit Salz und Pfeffer abschmecken. Die Tortellini abgießen, das Gemüse mit dem Dill bestreuen und alles zusammen servieren.
*(auf dem Foto)*

## Kürbisgnocchi mit Pilzragout

*Gnocchi di zucca ai funghi*

**Für 2 Personen**
**Zubereitungszeit: ca. 30 Min.**
**340 kcal · 11 g Fett · 29%**

*750 g Kürbis*
*1 Ei*
*5 EL Mehl*
*Salz und Pfeffer*
*400 g gemischte Pilze (Steinpilze, Champignons, Pfifferlinge)*
*1 kleine Zwiebel*
*2 TL Olivenöl*
*2 EL Weißwein*
*1 EL geh. Petersilie*

**1.** Den Kürbis schälen, entkernen und das Fruchtfleisch würfeln. Kürbiswürfel unter Rühren ohne Fett- oder Wasserzugabe bei schwacher Hitze dünsten, bis sie weich sind und der Kürbissaft eingekocht ist. Anschließend abkühlen lassen.

**2.** Die Kürbiswürfel zusammen mit dem Ei pürieren. Das Mehl hinzugeben und alles zu einem formbaren Teig verkneten (Eventuell benötigt man mehr Mehl als angegeben). Den Teig mit Salz und Pfeffer kräftig abschmecken.

**3.** Die Pilze putzen und eventuell zerkleinern. Die Zwiebel fein würfeln und im heißen Olivenöl glasig dünsten. Die Pilze und den Wein hinzufügen und kurz schmoren lassen. Mit Salz und Pfeffer abschmecken und mit der Petersilie bestreuen.

**4.** Reichlich Salzwasser zum Kochen bringen. Mit 2 Teelöffeln Nocken aus dem Kürbisteig abstechen und diese ins kochende Wasser geben. Bei mittlerer Hitze ziehen lassen, bis sie aufschwimmen, abtropfen lassen und zusammen mit den Pilzen servieren.

## Risotto
## nach Bauernart

*Risotto alla paesana*

**Für 2 Personen**
**Zubereitungszeit: ca. 45 Min.**
**500 kcal · 12 g Fett · 22%**

*300 g Erbsen (mit Hülsen)*
*1 Zwiebel*
*150 g Rundkornreis*
*1 EL Olivenöl*
*75 ml Weißwein*
*350 ml Gemüsebrühe*
*1 kleine Zucchini*
*1 Stange Bleichsellerie*
*200 g Tomaten*
*1 Knoblauchzehe*
*Salz und Pfeffer*

*1 EL geh. Petersilie*
*1 EL geh. Basilikum*
*1 EL Parmesan*

**1.** Die Erbsen enthülsen. Die Zwiebel schälen und würfeln. Den Reis, die Erbsen und die Zwiebelwürfel in dem Olivenöl leicht anbraten. Mit dem Wein ablöschen.

**2.** Nach und nach 250 ml Brühe dazugeben. Den Reis bei kleiner Hitze unter gelegentlichem Rühren etwa 10 Minuten köcheln lassen.

**3.** Die Zucchini und den Sellerie waschen und fein würfeln.

Die Tomaten über Kreuz einritzen, mit kochendem Wasser überbrühen, kalt abschrecken und enthäuten. Die Tomaten entkernen und das Fruchtfleisch würfeln.

**4.** Die restliche Brühe aufkochen lassen. Das Gemüse hinzufügen und in etwa 5 Minuten bissfest garen. Den Knoblauch schälen, durchpressen und hinzufügen. Mit Salz und Pfeffer würzen.

**5.** Das Gemüse zusammen mit den Kräutern unter den Reis heben und mit dem Parmesan bestreut servieren.

## Risotto mit Pilzen
*Risotto con funghi*

**Für 2 Personen**
**Zubereitungszeit: ca. 1 Std.**
**(plus 45 Min. Einweichzeit)**
**500 kcal · 13 g Fett · 23%**

*5 g getrocknete Steinpilze*
*150 g frische Steinpilze*
*1 kleine Zwiebel*
*1 EL Butter*
*175 g Rundkornreis*
*50 ml Weißwein*
*300 ml Gemüsebrühe*
*1 ¹/₂ EL ger. Parmesan*
*1 EL geh. Petersilie*

**1.** Die getrockneten Steinpilze etwa 45 Minuten in 50 ml lauwarmem Wasser einweichen. Die Pilze herausnehmen, das Einweichwasser verwahren und die Pilze fein würfeln. Die frischen Pilze putzen und in Scheiben schneiden.

**2.** Die Zwiebel schälen und fein hacken. Die Butter in einem Topf zerlassen und die Zwiebel darin glasig dünsten. Die Pilze hinzufügen und kurz mitdünsten. Den Reis hineingeben und alles gut verrühren. Den Wein dazugießen und einkochen lassen.

**3.** In kleinen Portionen die Brühe hinzugießen, jeweils verkochen lassen und dann erst nachgießen. Diesen Vorgang wiederholen, bis der Reis bissfest (al dente) ist. Den Parmesan und die Petersilie unter den Reis mischen und das Ganze servieren.

## Risotto mit Fenchel
*Risotto con i finocchi*

**Für 2 Personen**
**Zubereitungszeit: ca. 45 Min.**
**550 kcal · 13 g Fett · 21%**

*300 g jungen Fenchel*
*150 g Möhren*
*1 kleine Zwiebel*
*1 EL Butter*
*175 g Rundkornreis (Vialone oder Arborio)*
*125 ml Weißwein*
*300 ml Gemüsebrühe*
*1 ¹/₂ EL ger. Parmesan (30 g)*

**1.** Den Fenchel putzen, waschen und in feine Würfel schneiden. Das Fenchelgrün fein hacken. Die Möhren und die Zwiebel schälen und ebenfalls fein würfeln.

**2.** Die Butter in einem Topf zerlassen. Die Zwiebel- und Gemüsewürfel darin andünsten. Den Reis hinzufügen und kräftig anbraten.

**3.** Den Wein und die Brühe mischen und portionsweise zum Reis geben. Wenn die Flüssigkeit verkocht ist, den Parmesan und das Fenchelgrün unter den Reis heben und das Ganze servieren.

*Risotto mit Spargel und Flusskrebsen*

## Risotto mit Spargel
*Risotto con gli asparagi*

**Für 2 Personen**
**Zubereitungszeit: ca. 1 Std.**
**450 kcal · 6 g Fett · 12%**

*500 g grünen Spargel*
*Salz*
*1 Prise Zucker*
*1 kleine Zwiebel*
*1 EL Butter*
*175 g Rundkornreis (Vialone*
*oder Arborio)*
*50 ml Weißwein*
*Pfeffer*
*75 g vorgegartes Krebsfleisch*
*(frisch, TK oder aus*
*der Dose)*

**1.** Den Spargel waschen und die holzigen Enden abschneiden. 350 ml Wasser mit Salz und Zucker aufkochen und den Spargel darin 15 Minuten garen. Herausnehmen und den Sud verwahren. Die Spargelköpfe abschneiden und die Spargelstangen in dickere Scheiben schneiden.

**2.** Die Zwiebel schälen und fein würfeln. Die Butter in einem Topf zerlassen. Die Zwiebelwürfel und Spargelscheiben darin anbraten. Den Reis hinzufügen. Mit dem Wein ablöschen und die Flüssigkeit verkochen lassen.

**3.** Den Spargelsud portionsweise dazugießen, sodass der Reis immer mit Flüssigkeit bedeckt ist. Das Krebsfleisch würfeln und unter den Reis mischen. Das Ganze mit Salz und Pfeffer abschmecken. Zum Schluss die Spargelköpfe zum Reis geben und nochmals darin erwärmen.

Risotto mit Meeresfrüchten

## Risotto
## mit Meeresfrüchten
*Risotto ai frutti di mare*

**Für 2 Personen**
**Zubereitungszeit: ca. 1 Std.**
**ca. 420 kcal · 8 g Fett · 17%**

*10 Venusmuscheln*
*10 Miesmuscheln*
*100 ml Weißwein*
*4 Scampischwänze mit Schalen*
*1 Stange Bleichsellerie*
*1 kleine Möhre*
*2 Frühlingszwiebeln*
*1 Knoblauchzehe*
*1 EL Olivenöl*
*125 g Rundkornreis*
*(z.B. Vialone)*
*200 ml Geflügelbrühe*
*einige Safranfäden*
*Salz und Pfeffer*
*1 EL geh. Petersilie*

**1.** Die Muscheln unter fließendem Wasser gut abbürsten, entbarten und bereits geöffnete Muscheln wegwerfen.

**2.** Den Wein aufkochen lassen und die Muscheln bei geschlossenem Deckel darin etwa 10 Minuten garen. Die Scampischwänze dazugeben und alles zugedeckt beiseite stellen.

3. Den Sellerie, die Möhre und die Frühlingszwiebeln putzen, waschen und fein würfeln. Den Knoblauch schälen und durchpressen. Das Öl in einem Topf erhitzen und das Gemüse und den Knoblauch darin andünsten. Den Reis hinzufügen und anschließend glasig dünsten.

4. Die Muscheln und Scampis abtropfen lassen, den Muschelfond durch ein feines Haarsieb gießen und den Reis damit ablöschen. Den Sud etwas einkochen lassen und die Hälfte der Brühe dazugießen. Den Safran in der restlichen Brühe auflösen. Wenn die Flüssigkeit verkocht ist, die restliche Brühe mit Safran nach und nach dazugeben.

5. Ungeöffnete Muscheln wegwerfen, das Fleisch aus den restlichen Muscheln herauslösen (zwei Muscheln zur Dekoration beiseite legen). Anschließend die Schalen der Scampi entfernen.

6. Den Reis mit dem Muschelfleisch mischen, mit Salz und Pfeffer abschmecken und mit den Scampi, den Muscheln und der Petersilie garniert servieren.

# Pizza mit Spinat und Garnelen
*Pizza con spinaci e gamberetti*

**Für 1 Pizza à 30 cm Durchmesser**
**Zubereitungszeit: ca. 1 Std.**
**(plus 1 Std. Zeit zum Gehen)**
**710 kcal · 23 g Fett · 29%**

*Für den Teig:*
*200 g Weizenmehl*
*1/2 TL Salz*
*1/2 Pck. Trockenhefe*
*1 Prise Zucker*
*1 EL Olivenöl*

*Für den Belag:*
*500 g Blattspinat*
*1 Zwiebel*
*1 Knoblauchzehe*
*1 TL Olivenöl*
*Salz und Pfeffer*
*1 Prise ger. Muskatnuss*
*400 g Tomaten*
*1/2 TL gerebelten Oregano*
*125 g gekochte Garnelen*
*75 g halbfetter Hartkäse,*
*z.B. Branzi oder Bitto*

1. Für den Teig Mehl, Salz, Hefe und Zucker mischen. 1/8 l Wasser und das Öl langsam zugießen und alles zu einem glatten Teig verkneten. Den Teig zugedeckt etwa 1 Stunde an einem warmen Ort gehen lassen.

2. In der Zwischenzeit den Spinat putzen, von den festen Mittelrippen befreien und waschen. Die Zwiebel und den Knoblauch schälen und fein hacken. Das Öl in einem Topf erwärmen. Die Zwiebel- und Knoblauchwürfel und den tropfnassen Spinat dazugeben und dünsten, bis der Spinat zusammengefallen ist. Mit Salz, Pfeffer und Muskat kräftig würzen.

3. Die Tomaten über Kreuz einritzen, mit kochendem Wasser überbrühen, kalt abschrecken und enthäuten. Die Tomaten pürieren.

4. Den Backofen auf 225 °C vorheizen. Den Teig nochmals durchkneten und auf einer bemehlten Arbeitsfläche kreisförmig (∅ ca. 30 cm) ausrollen. Das Tomatenpüree auf dem Teig verteilen und kräftig mit Salz, Pfeffer und Oregano würzen.

5. Den Spinat ausdrücken, etwas klein schneiden und auf der Pizza verteilen. Die Garnelen ebenfalls darauf verteilen. Den Käse raspeln, die Pizza damit bestreuen und etwa 20 Minuten backen.

*Pizzatasche mit Mangold und Ricotta*

## Pizzatasche mit Mangold und Ricotta

*Calzone con bietola*

**Für 1 große Calzone
Zubereitungszeit: ca. 1 Std.
(plus 45 Min. Zeit zum Gehen)
610 kcal · 20 g Fett · 30%**

*Für den Teig:*
*200 g Weizenmehl*
*$^1/_2$ TL Salz*
*10 g frische Hefe*
*1 EL Olivenöl*
*1 EL geh. Petersilie*

*Für die Füllung:*
*500 g Mangold*
*1 kleine Zwiebel*
*1 Knoblauchzehe*
*250 g frische Champignons*
*2 TL Olivenöl*
*50 g Ricotta (ersatzweise
körniger Frischkäse)*
*50 g Mozzarella*

**1.** Für den Teig das Mehl mit dem Salz mischen. In die Mitte eine Vertiefung drücken, die Hefe hineinbröckeln und mit 50 ml Wasser verrühren. Den Vorteig zugedeckt etwa 15 Minuten gehen lassen.

**2.** Den Vorteig mit 50 ml Wasser und Öl verkneten und nochmals zugedeckt an einem warmen Ort etwa 30 Minuten gehen lassen. Den Backofen auf 225 °C vorheizen.

**3.** Den Teig nochmals durchkneten und dabei die Petersilie einarbeiten. Den Teig auf einer bemehlten Arbeitsfläche kreisförmig (∅ ca. 30 cm) ausrollen und auf ein mit Backpapier ausgelegtes Backblech legen.

**4.** Den Mangold putzen, waschen und in feine Streifen schneiden. Die Zwiebel und den Knoblauch schälen und fein würfeln. Die Champignons putzen und in Scheiben schneiden. ¹/₂ Esslöffel Olivenöl erhitzen. Mangold, Zwiebel- und Knoblauchwürfel und die Champignons dazugeben und etwas anschmoren.

**5.** Das Gemüse mit Salz und Pfeffer kräftig würzen. Den Ricotta mit einer Gabel zerdrücken, den Mozzarella in kleine Würfel schneiden und beides unter die Mangoldmasse mischen.

**6.** Den Teig bis zur Hälfte mit der Füllung belegen, dabei jedoch einen 2 cm breiten Rand lassen. Die andere Hälfte über die Füllung klappen und den Rand fest andrücken. Die Oberfläche mit dem restlichen Öl bepinseln und die Calzone etwa 35 Minuten backen.

# Fenchelpizza
## Pizza di finocchio

Für 1 große runde Pizza
(30 cm Durchmesser)
Zubereitungszeit: ca. 45 Min.
(plus 45 Min. Zeit zum Gehen)
580 kcal · 19 g Fett · 29%

*Für den Teig:*
*200 g Weizenvollkornmehl*
*¹/₂ TL Salz*
*¹/₂ Pck. Trockenhefe*
*1 EL Olivenöl*

*Für den Belag:*
*1 Fenchelknolle*
*2 Schalotten*
*1 TL Olivenöl*
*2 EL Rosinen*
*Salz und Pfeffer*
*1 Prise Cayennepfeffer*
*50 g Mozzarella*
*1 EL ger. Parmesan*

**1.** Für den Teig das Mehl mit dem Salz mischen. Eine Vertiefung hineindrücken und die Hefe hineinstreuen. Mit 60 ml Wasser verrühren und den Vorteig etwa 15 Minuten zugedeckt gehen lassen.

**2.** Den Vorteig mit 60 ml Wasser und Öl zu einem glatten Teig verkneten. Den Teig nochmals zugedeckt an einem warmen Ort etwa 30 Minuten gehen lassen. Den Backofen auf 225 °C vorheizen.

**3.** Den Fenchel putzen, waschen und in feine Streifen schneiden. Die Schalotten schälen und fein würfeln. Das Öl in einem Topf erhitzen und die Schalotten darin andünsten. Den Fenchel und 3 Esslöffel Wasser hinzugeben und alles etwa 10 Minuten garen. Die Rosinen dazugeben und das Gemüse kräftig würzen.

**4.** Den Teig auf einer bemehlten Arbeitsfläche kreisförmig (∅ 30 cm) ausrollen und auf ein mit Backpapier ausgelegtes Backblech legen. Das Gemüse darauf verteilen. Den Mozzarella in dünne Scheiben schneiden und auf der Pizza verteilen. Alles etwa 30 Minuten backen. Etwa 5 Minuten vor Ende der Backzeit die Pizza mit Parmesan bestreuen.

# Pizza nach Königsart

*Pizza del re*

**Für 1 große runde Pizza
(30 cm Durchmesser)
Zubereitungszeit: ca. 1 Std.
(plus 45 Min. Zeit zum Gehen)
650 kcal · 15 g Fett · 21%**

*Für den Teig:*
*250 g Weizenmehl*
*20 g frische Hefe*
*1 Prise Zucker*
*$^1/_2$ TL Salz*

*Für den Belag:*
*125 g Artischockenherzen*
*(aus dem Glas)*
*75 g gekochter Schinken*
*1 Zwiebel*
*6 schwarze Oliven*
*4 kleine Tomaten*
*2 EL ger. Parmesan*
*Salz und Pfeffer*

**1.** Für den Teig das Mehl mit dem Salz mischen. In die Mitte eine Vertiefung drücken, die Hefe hineinbröckeln und mit 60 ml Wasser verrühren. Den Vorteig zugedeckt etwa 15 Minuten gehen lassen.

**2.** Den Vorteig mit 60 ml Wasser und Zucker zu einem glatten Teig verkneten. Den Teig nochmals zugedeckt an einem warmen Ort etwa 30 Minuten gehen lassen.

**3.** Den Backofen auf 225 °C vorheizen. Den Teig nochmals durchkneten und auf einer bemehlten Arbeitsfläche kreisförmig (Ø 30 cm) ausrollen. Den Teig auf ein mit Backpapier ausgelegtes Backblech legen.

**4.** Die Artischockenherzen abtropfen und vierteln. Den Schinken in kleine Würfel schneiden. Die Zwiebel schälen und in feine Ringe schneiden. Die Oliven entkernen und in feine Streifen schneiden. Die Tomaten waschen, von den Stielansätzen befreien und in dünne Scheiben schneiden.

**5.** Den Teigboden mit dem Parmesan bestreuen. Alle Zutaten für den Belag auf der Pizza verteilen. Mit Salz und Pfeffer würzen und etwa 20 Minuten backen. *(auf dem Foto)*

**Tipp**
*Hier noch einige Vorschläge für Low Fat-Pizzabeläge. Für eine Pizza funghi (18 %) benötigen Sie 100 g in Scheiben geschnittene Champignons, 2 geschälte und zerkleinerte Tomaten aus der Dose sowie 100 g in Scheiben geschnittenen Mozzarella. (auf dem Foto: Mitte)
Oder nehmen Sie für eine Pizza alla Perugina (22 %) folgende Zutaten: 50 g gewürfelten gekochten Schinken, 75 g geriebenen Pecorino, 2 kleine Eier, 75 ml fettarme Milch sowie 25 g geriebenen Parmesan. Eier, Milch und Parmesan verquirlen und mit Salz und Pfeffer würzen. Schinken und Pecorino auf dem Teig verteilen und die Eiermilch darauf gießen. (auf dem Foto: oben)*

# Gemüsegerichte

## Gemüsesuppe mit Kartoffeln und Möhren

*Minestra di patate e carote*

**Für 2 Personen**
**Zubereitungszeit: ca. 1¹/₄ Std.**
**430 kcal · 14 g Fett · 29%**

*200 g Kartoffeln*
*300 g Möhren*
*1 Zwiebel*
*1 EL Olivenöl*
*200 g Erbsen (TK oder frisch gepalt)*
*700 ml Hühnerbrühe*
*Salz und Pfeffer*
*60 g kurze Nudeln*
*1 Knoblauchzehe*
*4 Salbeiblätter*
*40 g Parmesan (am Stück)*

**1.** Die Kartoffeln waschen, schälen und in 1 cm große Würfel schneiden. Die Möhren putzen und klein würfeln. Die Zwiebel schälen und fein hacken.

**2.** Dann ¹/₂ Esslöffel Öl in einem großen Topf erhitzen und die Zwiebelwürfel darin andünsten. Kartoffeln, Möhren und Erbsen hinzufügen, mit der Brühe auffüllen und die Suppe zugedeckt etwa 30 Minuten köcheln lassen.

**3.** Anschließend die Suppe pürieren und mit Salz und Pfeffer abschmecken. Die Nudeln dazugeben und bei schwacher Hitze bissfest garen.

**4.** Den Knoblauch schälen und fein würfeln. Das restliche Öl in einer Pfanne erhitzen. Knoblauch und Salbeiblätter darin leicht anbraten und das Ganze in die fertige Suppe rühren. Den Parmesan grob reiben und die Suppe damit bestreut servieren.

## Gemüsesuppe nach Mailänder Art

*Minestrone alla milanese*

**Für 2 Personen**
**Zubereitungszeit: ca. 2¹/₂ Std.**
**380 kcal · 8 g Fett · 19%**

*150 g dicke Bohnen (in Hülsen)*
*250 g Erbsen (in Hülsen)*
*1 Zwiebel*
*1 Stange Bleichsellerie*
*150 g Möhren*
*1 Zucchini*
*300 g Wirsing*
*50 g magerer Schinkenspeck*
*1 TL Butter*
*150 g Tomaten*
*Salz*
*65 g Rundkornreis*
*1 Knoblauchzehe*
*1 EL geh. Petersilie*
*1 EL geh. Basilikum*
*1 EL ger. Parmesan*

*Gemüsesuppe nach Mailänder Art*

**1.** Die Bohnen und die Erbsen enthülsen. Die Zwiebel schälen und fein würfeln. Sellerie, Möhren und Zucchini putzen, waschen und in kleine Würfel schneiden. Den Wirsing waschen, abtropfen lassen und in dünne Streifen schneiden. Den Schinkenspeck würfeln.

**2.** Die Butter in einem großen Topf zerlassen. Die Zwiebelwürfel und den Schinkenspeck darin anbraten. Das restliche Gemüse hinzufügen und alles andünsten.

**3.** Die Tomaten über Kreuz einritzen, mit kochendem Wasser überbrühen, kalt abschrecken und enthäuten. Das Fruchtfleisch würfeln und zum Gemüse geben. $3/4$ Liter Wasser hinzugießen, salzen und das Ganze etwa 1 Stunde zugedeckt bei kleiner Hitze garen.

**4.** Die Suppe aufkochen lassen, den Reis einstreuen und bei kleiner Hitze weitere 20 Minuten garen. Den Knoblauch schälen, fein würfeln und zusammen mit den Kräutern zur Gemüsesuppe geben. Anschließend die Suppe mit Parmesan bestreut servieren.

*Kichererbseneintopf*

# Kichererbseneintopf

*Minestrone di ceci*

**Für 2 Personen**
**Zubereitungszeit: ca. 2¹/₄ Std.**
**(plus 12 Std. Einweichzeit)**
**390 kcal · 13 g Fett · 30%**

*150 g Kichererbsen*
*¹/₂ l Fleischbrühe*
*50 g magerer Schinkenspeck*
*3 Stangen Bleichsellerie*
*2 Möhren*
*2 kleine Kartoffeln*
*1 Zwiebel*
*1 Knoblauchzehe*
*1 EL Olivenöl*
*2 EL Tomatenmark*
*1 EL geh. Petersilie*

**1.** Die Kichererbsen über Nacht in Wasser einweichen. Am nächsten Tag abgießen und in der Fleischbrühe etwa 2 Stunden köcheln lassen.

**2.** In der Zwischenzeit den Schinkenspeck fein würfeln. Den Sellerie und die Möhren putzen, waschen und in dünne Scheiben schneiden. Die Kartoffeln schälen und klein würfeln. Die Zwiebel und den Knoblauch schälen und in feine Würfel schneiden.

**3.** Das Öl in einem großen Topf erhitzen. Zwiebel, Knoblauch und den Schinken darin anbraten. Das übrige Gemüse hinzufügen und alles etwa 5 Minuten braten.

**4.** Das Tomatenmark mit etwas Brühe der Kichererbsen verrühren und zum Gemüse geben. Die gegarten Kichererbsen mitsamt Kochflüssigkeit zum Gemüse geben und gut mischen. Den Eintopf mit Salz und Pfeffer kräftig abschmecken und mit der Petersilie bestreut servieren.

# Weiße-Bohnen-Suppe

*Ribollita*

**Für 2 Personen**
**Zubereitungszeit: ca. 2 Std.**
**(plus 12 Std. Einweichzeit)**
**350 kcal · 11 g Fett · 28%**

*80 g getrocknete weiße Bohnen*
*1 Zwiebel*
*2 Knoblauchzehen*
*2 Möhren*
*2 Stangen Bleichsellerie*
*1 Stange Lauch*
*250 g Mangold*
*1 EL Olivenöl*
*je 1 Zweig frischen Thymian*
*und Rosmarin*
*300 ml Fleischbrühe*
*Salz und Pfeffer*
*2 Scheiben Weißbrot*
*40 g Parmesan (am Stück)*

1. Die Bohnen über Nacht in 300 ml Wasser einweichen. Am nächsten Tag die Bohnen mit der Einweichflüssigkeit zum Kochen bringen und bei schwacher Hitze etwa 1 Stunde garen. Die Bohnen abgießen, die Kochflüssigkeit auffangen.

2. Die Zwiebel und den Knoblauch schälen und fein hacken. Das restliche Gemüse putzen und waschen. Möhren und Sellerie in kleine Würfel, den Lauch und Mangold in feine Streifen schneiden.

3. Das Öl in einem großen Topf erhitzen. Zwiebel und Knoblauch darin glasig dünsten. Das restliche Gemüse (mit Ausnahme vom Mangold) hinzufügen und andünsten. Mit der Brühe aufgießen, die Kräuter dazugeben und alles zugedeckt etwa 30 Minuten köcheln lassen.

4. Den Mangold und $^3/_4$ der Bohnen dazugeben. Die restlichen Bohnen mit der Kochflüssigkeit pürieren und in die Suppe rühren. Alles nochmals 15 Minuten köcheln lassen und mit Salz und Pfeffer kräftig abschmecken. Die Kräuter entfernen.

5. Den Grill des Backofens einschalten. 2 ofenfeste Suppenschalen mit dem Weißbrot auslegen. Die Suppe einfüllen. Den Parmesan grob reiben, die Suppe damit bestreuen und überbacken, bis sich der Käse bräunt.

# Weiße Bohnen mit Salbei

*Fagioli all'uccelletto*

**Für 2 Personen**
**Zubereitungszeit: ca. 1$^1/_2$ Std.**
**(plus 12 Std. Einweichzeit)**
**370 kcal · 12 g Fett · 29%**

*150 g weiße Bohnen*
*Salz*
*200 g Kartoffeln*
*300 g Tomaten*
*6 Salbeiblätter*
*2 Knoblauchzehen*
*2 EL Olivenöl*

1. Die Bohnen über Nacht in 375 ml Wasser einweichen. Am nächsten Tag im Einweichwasser mit Salz aufkochen lassen und zugedeckt bei schwacher Hitze etwa 1$^1/_2$ Stunden garen.

2. Die Kartoffeln schälen und klein würfeln. Die Tomaten über Kreuz einritzen, mit kochendem Wasser überbrühen, kalt abschrecken und enthäuten. Entkernen und das Fruchtfleisch würfeln. Den Knoblauch schälen und in dünne Scheiben schneiden.

3. Dann 1 Esslöffel Öl in einem Topf erhitzen. Knoblauch und Salbei darin anbraten. Die Bohnen abtropfen lassen und zusammen mit den Kartoffeln dazugeben. Mit Salz und Pfeffer kräftig abschmecken und alles etwa 5 Minuten garen.

4. Die Tomaten dazugeben, das Ganze mit dem restlichen Öl beträufeln und das Gemüse zugedeckt etwa 15 Minuten garen.

# Buchweizennudeln mit Wirsing

*Pizzoccheri*

**Für 2 Personen**
**Zubereitungszeit: ca. 45 Min.**
**(plus 30 Min. Zeit zum Gehen)**
**570 kcal · 14 g Fett · 22%**

*125 g Weizenmehl*
*100 g Buchweizenmehl*
*$1/2$ TL Salz*
*150 g Wirsing*
*125 g Kartoffeln*
*2 Knoblauchzehen*
*4 Salbeiblätter*
*2 EL Butter (25 g)*
*1 EL ger. Parmesan*

**1.** Beide Mehlsorten mischen und zusammen mit dem Salz und etwa 100 ml lauwarmen Wasser zu einem glatten Teig verkneten und etwa 30 Minuten zugedeckt ruhen lassen.

**2.** Den Teig nochmals durchkneten, dünn ausrollen und in 4 cm lange und 1 cm breite Streifen schneiden.

**3.** Den Wirsing putzen, waschen, trockentupfen und in 1 cm breite Streifen schneiden. Die Kartoffeln schälen und würfeln. Beides in reichlich Salzwasser etwa 15 Minuten kochen.

**4.** Den Knoblauch schälen und durchpressen, den Salbei in Streifen schneiden. Die Butter in einem Topf zerlassen. Knoblauch und Salbei darin kurz anbraten.

**5.** Die Nudeln zum Wirsing und den Kartoffeln geben, vorsichtig umrühren und aufkochen lassen. Alles zusammen etwa 10 Minuten köcheln lassen und dann abgießen. Die Nudelmischung mit der Knoblauch-Salbei-Butter und mit Parmesan bestreut servieren.

# Gebratene Polenta mit Pilzen

*Polenta fritta e funghi*

**Für 2 Personen**
**Zubereitungszeit: ca. 1 Std.**
**(plus ca. 3 Std. Zeit zum Abkühlen)**
**420 kcal · 13 g Fett · 28%**

*150 g Maisgries*
*Salz*
*400 g gemischte Speisepilze*
*(Steinpilze, Pfifferlinge, Champignons)*
*3 Tomaten*
*1 Schalotte*
*1 Knoblauchzehe*
*1 EL Butter*
*1 TL Weizenmehl*
*Pfeffer*
*1 EL Olivenöl*
*1 EL geh. Petersilie*

**1.** Für die Polenta 375 ml Wasser zusammen mit $1/2$ Teelöffel Salz aufkochen lassen. Den Maisgrieß einrieseln lassen, einmal aufkochen und den Grieß bei schwacher Hitze etwa 30 Minuten zugedeckt ausquellen lassen. Die Polenta in eine rechteckige Form füllen und darin auskühlen lassen.

*Gebratene Polenta mit Pilzen*

**2.** In der Zwischenzeit die Pilze putzen und in Scheiben schneiden. Die Tomaten über Kreuz einritzen, mit kochendem Wasser überbrühen, kalt abschrecken und enthäuten. Die Tomaten entkernen und das Fruchtfleisch in kleine Würfel schneiden. Die Schalotte und den Knoblauch schälen und fein hacken.

**3.** Die Butter in einer Pfanne zerlassen. Schalotte und Knoblauch darin andünsten. Mit dem Mehl bestäuben und kurz bräunen. Die Pilze und Tomaten hinzufügen und alles garen. Mit Salz und Pfeffer abschmecken.

**4.** Die Polenta stürzen und in 1 cm dicke Scheiben schneiden. Das Öl in einer Pfanne erhitzen und die Polentascheiben darin von allen Seiten goldbraun braten. Zusammen mit dem Pilzragout anrichten und mit der Petersilie bestreut servieren.

*Grüne Torte*

## Kartoffelauflauf mit Pilzen

*Tortiera di patate e funghi al forno*

**Für 2 Personen**
**Zubereitungszeit: ca. 1¹/₂ Std.**
**450 kcal · 15 g Fett · 30%**

*500 g gemischte Speisepilze*
*(Champignons, Steinpilze)*
*500 g Kartoffeln*
*200 g Zucchini*
*75 g altbackenes Weißbrot*
*2 TL Olivenöl*
*30 g Pecorino (am Stück)*
*2 EL geh. Petersilie*
*Salz und Pfeffer*
*200 ml Gemüsebrühe*

**1.** Die Pilze putzen und in Scheiben schneiden. Die Kartoffeln schälen, die Zucchini waschen und beides in etwas dickere Scheiben schneiden. Den Backofen auf 180 °C vorheizen.

**2.** Das Weißbrot entrinden, das Innere zerpflücken und mit 1¹/₂ Teelöffel Öl beträufeln. Den Käse fein reiben und zusammen mit der Petersilie unter das Brot mischen. Mit Salz und Pfeffer abschmecken.

**3.** Eine Auflaufform mit dem restlichen Öl auspinseln. Die Kartoffeln und Zucchini einschichten, die Hälfte der Pilze darauf verteilen und mit der Hälfte des Weißbrotgemisches bedecken. Nun die restlichen Kartoffeln, Zucchini, Pilze und Weißbrotgemisch ebenso einschichten. Alles mit der Brühe übergießen und etwa 1 Stunde backen.

## Grüne Torte

*Torta verde*

**Ergibt 8 Stück**
**Zubereitungszeit: ca. 1¹/₂ Std.**
**(plus 30 Min. Ruhezeit)**
**250 kcal · 8 g Fett · 29%**

*Für den Teig:*
*350 g Weizenmehl*
*20 g Butter*
*20 g Butterschmalz*
*¹/₂ TL Salz*

*Für die Füllung:*
*500 g Blattspinat*
*1 große Zwiebel*
*100 g Champignons*
*200 g Erbsen (in Hülsen)*
*8 Sardellenfilets*
*1 TL Olivenöl*
*2 Knoblauchzehen*
*2 EL geh. Basilikum*
*Salz und Pfeffer*
*100 g Ricotta (ersatzweise körniger Frischkäse)*
*1 Eigelb*

**1.** Für den Teig das Mehl mit der Butter und dem Schmalz verkneten. 100 ml lauwarmes Wasser esslöffelweise hinzufügen und alles zusammen mit dem Salz verkneten, sodass ein glatter, nicht zu trockener und nicht zu klebriger Teig entsteht. Den Teig etwa 30 Minuten ruhen lassen.

**2.** Für die Füllung den Spinat putzen, waschen und in Streifen schneiden. Die Zwiebel schälen und fein würfeln. Die Champignons putzen und in Scheiben schneiden. Die Erbsen enthülsen. Die Sardellen klein schneiden.

**3.** Das Öl in einem Topf erhitzen. Den Knoblauch schälen, durchpressen und zusammen mit den Zwiebelwürfeln anbraten. Den Spinat, die Champignons und die Erbsen hinzufügen und alles etwa 10 Minuten dünsten. Den Backofen auf 200 °C vorheizen.

**4.** Die Erbsen zum Gemüse geben und kurz mitgaren. Das Ganze auskühlen lassen. Eine Springform (∅ 26 cm) sparsam mit Öl ausfetten. Den Teig in 2 ungleiche Hälften teilen. Die größere Hälfte kreisrund ausrollen und die Springform am Boden und Rand damit auslegen.

**5.** Das Basilikum, die Sardellen und den Ricotta unter die Gemüsemasse mischen. Das Gemüse mit Salz und Pfeffer abschmecken. Das Gemüse auf dem Teigboden verteilen.

**6.** Den restlichen Teig in Springformgröße ausrollen und die Torte damit belegen. Die Ränder etwas zusammendrücken und den Teigdeckel mehrfach mit einer Gabel einstechen. Das Eigelb mit 1 Esslöffel Wasser verquirlen und die Torte damit bestreichen. Die Torte etwa 30 Minuten backen.

**Tipp**
*Sie können die Torte, oder auch Stücke davon, problemlos einfrieren.*

## Kichererbsen-bratlinge mit Frühlingsgemüse

*Panelle di Palermo con frittella palermitana*

**Für 2 Personen**
Zubereitungszeit: ca. 1 Std.
(plus ca. 12 Std. Einweichzeit)
410 kcal · 13 g Fett · 29%

*Für die Bratlinge:*
*100 g Kichererbsen*
*1 EL geh. Petersilie*
*Salz und Pfeffer*
*4 TL Olivenöl*

*Für das Gemüse:*
*2 kleine Artischocken*
*1 Zwiebel*
*250 g Erbsen (in Hülsen)*
*250 g dicke Bohnen (in Hülsen)*
*1 EL Olivenöl*
*1 EL Kapern*
*Salz und Pfeffer*
*1 TL Weißweinessig*

**1.** Die Kichererbsen in 400 ml Wasser über Nacht einweichen. Am nächsten Tag in dem Einweichwasser etwa 1 Stunde köcheln lassen, bis die Flüssigkeit verkocht ist.

**2.** Die Kichererbsen zerstampfen oder durch den Fleischwolf drehen. Petersilie hinzufügen und die Masse mit Salz und Pfeffer kräftig abschmecken. Das Ganze auf ein feuchtes Backblech oder eine Marmorplatte etwa 1 cm dick verstreichen und abkühlen lassen.

**3.** Inzwischen für das Gemüse von den Artischocken Stiele, äußere Blätter und das innere Heu entfernen. Die Artischocken vierteln. Die Zwiebel schälen und in feine Ringe schneiden. Die Erbsen und Bohnen aus den Hülsen streifen.

**4.** Dann 1 Esslöffel Öl in einem Topf erhitzen. Die Zwiebel darin andünsten. Das restliche Gemüse und die Kapern hinzufügen und kurz anbraten. Alles mit Salz und Pfeffer abschmecken, mit etwa 100 ml Wasser aufgießen und unter gelegentlichem Rühren etwa 20 Minuten garen.

**5.** Die Kichererbsenmischung in Rauten schneiden. Das restliche Öl erhitzen und die Bratlinge darin von allen Seiten goldbraun braten. Das Frühlingsgemüse mit Essig abschmecken und zusammen mit den Bratlingen servieren.

## Auberginen-Kartoffel-Auflauf

*Cianfotta*

**Für 2 Personen**
Zubereitungszeit: ca. 1$^1$/$_2$ Std.
310 kcal · 10 g Fett · 29%

*300 g Auberginen*
*Salz*
*2 kleine rote Paprika*
*300 g Kartoffeln*
*1 Zwiebel*
*2 Knoblauchzehen*
*4 schwarze Oliven*
*1 EL Olivenöl*
*200 ml Tomatensaft*
*1 TL gerebelter Oregano*
*Pfeffer*
*2 Lorbeerblätter*
*200 g Zuckerschoten*
*1 EL geh. Petersilie*

**1.** Die Auberginen waschen, in größere Würfel schneiden, mit Salz bestreuen und etwa 20 Minuten Wasser ziehen lassen. Den Backofen auf 200 °C vorheizen.

**2.** In der Zwischenzeit die Paprika waschen, entkernen und würfeln. Die Kartoffeln schälen und ebenfalls würfeln. Die Zwiebel und den Knoblauch schälen und fein hacken. Die Oliven entsteinen und hacken. Die Auberginenwürfel mit Küchenpapier trockentupfen.

*Auberginen-Kartoffel-Auflauf*

**3.** Das Öl in einer Kasserole erhitzen. Zwiebel und Knoblauch darin anbraten. Das gesamte Gemüse, bis auf die Zuckerschoten, hinzufügen und kurz anbraten. Den Tomatensaft und die Gewürze dazugeben und alles etwa 10 Minuten garen.

**4.** Die Zuckerschoten waschen, putzen und dazugeben. Das Gemüse zugedeckt etwa 30 Minuten im Backofen weitergaren. Die Lorbeerblätter herausnehmen und den Auflauf mit der Petersilie bestreut servieren.

# Fleisch-, Geflügel- und Fischgerichte

## Rinderfilet nach sardischer Art mit Kartoffelklößchen

*Filetto di manzo alla sarda con gnocchi di patate*

**Für 2 Personen**
**Zubereitungszeit: ca. 1¹/₂ Std.**
**640 kcal · 21 g Fett · 30%**

*Für das Rinderfilet:*
*2 EL geh. Petersilie*
*2 EL geh. Basilikum*
*1 EL ger. Parmesan*
*1 ¹/₂ EL Paniermehl*
*Salz und Pfeffer*
*1 Scheibe (30 g) halbfetter*
*Hartkäse (z.B. Bitto)*
*375 g Rinderfilet am Stück*
*2 TL Olivenöl*
*2 Salbeiblätter*
*2 frische Majoranzweige*
*3 EL Tomatensaft*
*50 ml trockener Rotwein*

*Für die Gnocchi:*
*250 g mehligkochende*
*Kartoffeln*
*1 Eigelb*
*70 g Mehl*
*Salz*

1. Für das Fleisch die Kräuter mit dem Parmesan und dem Paniermehl mischen und mit Salz und Pfeffer würzen. Den Käse in fingerbreite Streifen schneiden.

2. Das Rinderfilet der Länge nach einschneiden. Mit der Kräuter-Parmesan-Mischung und den Käsestreifen füllen und dann mit Rouladennadeln fixieren (oder mit Küchenschnur zusammenbinden).

3. Den Backofen auf 180 °C vorheizen. Das Öl in einem Bräter erhitzen. Salbei und Majoran darin anbraten. Das Fleisch hinzufügen und von allen Seiten kräftig anbraten. Den Tomatensaft mit dem Rotwein mischen und die Hälfte der Flüssigkeit zum Fleisch geben. Den Bräter in den Ofen schieben und das Fleisch etwa 30 Minuten braten.

4. In der Zwischenzeit die Kartoffeln mit Schale gar kochen. Abgießen, pellen und noch heiß durch eine Kartoffelpresse drücken oder zerstampfen. Den Kartoffelbrei mit dem Eigelb, Mehl und etwas Salz zu einem glatten Teig kneten.

5. Den Teig zu Röllchen formen, in 2 cm lange Stücke schneiden und diese mit einem Gabelrücken auf beiden Seiten etwas eindrücken. Reichlich Salzwasser zum Kochen bringen und die Gnocchi darin garen. Sie sind fertig, wenn sie an der Oberfläche schwimmen.

6. Das Fleisch aus dem Ofen nehmen und etwa 5 Minuten ruhen lassen. Die restliche Tomatensaft-Rotwein-Mischung in einem kleinen Topf aufkochen lassen. Den Bratensatz mit etwas Wasser lösen und zur Flüssigkeit geben. Den Fond etwas einkochen lassen. Das Fleisch in Scheiben schneiden und zusammen mit den Gnocchi und der Sauce servieren.

# Kalbsschnitzel mit Zitronensauce
*Scaloppina al limone*

Für 2 Personen
Zubereitungszeit: ca. 30 Min.
(plus 2 Std. Marinierzeit)
490 kcal · 15 g Fett · 28%

*4 dünne Kalbsschnitzel*
*(ca. 250 g)*
*2 Lorbeerblätter*
*2 unbehandelte Zitronen*
*2 EL Olivenöl*
*150 g grüne Bandnudeln*
*Salz und Pfeffer*
*1/2 EL geh. Zitronenmelisse*

1. Die Schnitzel flach klopfen und mit den Lorbeerblättern auf einen tiefen Teller legen. Die Zitronen dünn abschälen und die Schale in kochendem Wasser kurz blanchieren. Die Zitronen auspressen und den Saft mit dem Öl verrühren. Die Marinade über die Schnitzel gießen und diese zugedeckt etwa 2 Stunden im Kühlschrank durchziehen lassen.

2. Die Nudeln in reichlich Salzwasser bissfest garen. Inzwischen die Schnitzel mit Küchenpapier trockentupfen. Das Fleisch in einer gut beschichteten Pfanne von beiden Seiten scharf anbraten. Die Schnitzel zugedeckt warm stellen.

3. Den Bratensatz mit der Marinade löschen. Die Zitronenschale in feine Streifen schneiden und mit der Zitronenmelisse zur Sauce geben. Die Schnitzel mit Salz und Pfeffer würzen und etwa 3 Minuten bei schwacher Hitze in der Sauce ziehen lassen. Zusammen mit den Nudeln servieren.

# Kalbsplätzchen mit weißen Bohnen nach Florentiner Art
*Scaloppine con fagioli alla fiorentina*

Für 2 Personen
Zubereitungszeit: ca. 1 Std.
460 kcal · 14 g Fett · 27%

*Für die Bohnen:*
*500 g dicke Bohnen (in Hülsen)*
*400 g Tomaten*
*1 EL Olivenöl*
*2 Knoblauchzehen*
*4 Salbeiblätter*
*Salz und Pfeffer*

*Für die Kalbsplätzchen:*
*2 dünne Kalbsschnitzel*
*1 TL Butter*
*1 TL Olivenöl*
*1 EL Mehl*
*Salz*
*1 EL Balsamico-Essig*
*100 ml Fleischbrühe*

1. Die Bohnen enthülsen und in kochendem Wasser etwa 5 Minuten blanchieren. Anschließend abgießen.

2. Die Tomaten über Kreuz einritzen, mit kochendem Wasser überbrühen, kalt abschrecken und enthäuten. Die Tomaten entkernen und das Fruchtfleisch in Würfel schneiden. Den Knoblauch schälen und fein hacken.

3. Das Öl in einem Topf erhitzen. Den Knoblauch und die Salbeiblätter darin anbraten. Die Bohnen hinzufügen und kurz mitbraten. Die Tomaten dazugeben und alles bei schwacher Hitze zugedeckt etwa 30 Minuten garen.

4. Die Kalbsschnitzel flach klopfen. Die Butter und das Öl in einer Pfanne erhitzen. Die Schnitzel im Mehl wenden, überschüssiges Mehl abklopfen und dann das Fleisch im heißen Fett auf beiden Seiten goldbraun braten.

5. Das Fleisch herausnehmen und salzen. Den Bratensatz mit Essig ablöschen. Den Essig etwas verkochen lassen, dann die Brühe hinzufügen und etwas einkochen. Die Schnitzel zusammen mit den weißen Bohnen und der Sauce servieren.

*Kaninchen in Tomatensauce*

# Kaninchen in Tomatensauce

*Coniglio in umido*

**Für 2 Personen**
**Zubereitungszeit: ca. 1¹/₂ Std.**
**640 kcal · 21 g Fett · 30%**

*350 g Kaninchenteile*
*Salz und Pfeffer*
*1 Zwiebel*
*150 g Möhren*
*1 Stange Bleichsellerie*
*300 g Tomaten*
*1 EL Olivenöl*
*2 Knoblauchzehen*
*1 Zweig Rosmarin*
*2 Zweige Thymian*
*2 Lorbeerblätter*
*¹/₈ l Weißwein*
*1 Prise ger. Muskatnuss*
*125 g Bandnudeln*

**1.** Die Kaninchenteile waschen, trockentupfen und mit Salz und Pfeffer einreiben. Die Zwiebel schälen, Möhren und Sellerie putzen, waschen und alles würfeln. Die Tomaten über Kreuz einritzen, überbrühen, abschrecken, enthäuten, entkernen und würfeln.

**2.** Das Öl in einem großen Schmortopf erhitzen. Die Kaninchenstücke darin von allen Seiten scharf anbraten und wieder herausnehmen.

**3.** Den Knoblauch schälen und zusammen mit den Kräutern in dem Bratfett andünsten. Das Gemüse (bis auf die Tomaten) hinzufügen und andünsten. Den Wein und die Tomaten dazugeben und die Sauce mit Salz, Pfeffer und Muskat würzen. Die Fleischstücke wieder in den Topf legen und alles zugedeckt bei schwacher Hitze etwa 45 Minuten schmoren lassen.

**4.** Die Nudeln in reichlich Salzwasser bissfest garen und zu dem Kaninchen servieren.

## Polenta mit Ragoutsauce

*Polenta al piatto con ragù*

**Für 2 Personen**
**Zubereitungszeit: ca. 1$^1/_2$ Std.**
**590 kcal · 15 g Fett · 23%**

*Für das Ragout:*
*1 Zwiebel*
*200 g Möhren*
*1 Stange Bleichsellerie*
*1 EL Olivenöl*
*1 EL geh. Petersilie*
*250 g Tatar (mageres Rinder-gehacktes)*
*50 ml Rotwein*
*50 ml Fleischbrühe*
*Salz und Pfeffer*
*300 g Tomaten*
*1 Lorbeerblatt*
*100 ml fettarme Milch*
*1 EL ger. Parmesan*

*Für die Polenta:*
*1 TL Salz*
*150 g Maisgries*

**1.** Für das Ragout die Zwiebel schälen, die Möhren und den Sellerie putzen und waschen und alles in kleine Würfel schneiden. Das Öl in einem Topf erhitzen, das Gemüse und die Petersilie darin anbraten.

**2.** Das Tatar hinzufügen und alles kräftig braten. Mit dem Rotwein ablöschen und schmoren lassen, bis die Flüssigkeit verdampft ist. Die Brühe dazugeben und etwas einkochen lassen.

**3.** Die Tomaten über Kreuz einritzen, mit kochendem Wasser überbrühen, kalt abschrecken und enthäuten. Die Tomaten klein schneiden und mit dem Lorbeerblatt zum Fleisch geben. Mit Salz und Pfeffer abschmecken und alles etwa 30 Minuten garen.

**4.** Für die Polenta $^1/_2$ l Wasser mit dem Salz zum Kochen bringen. Den Maisgries unter Rühren langsam einstreuen und bei schwacher Hitze etwa 30 Minuten köcheln lassen. Dabei öfters umrühren.

**5.** Die Milch in die Ragoutsauce einrühren und weitere 10 Minuten köcheln lassen. Die Polenta auf Teller verteilen und zusammen mit der Ragoutsauce servieren. Dazu den Parmesan reichen.

## Huhn mit Zitrone und Safranreis

*Pollo al limone con risotto alla milanese*

**Für 2 Personen**
**Zubereitungszeit: ca. 1$^1/_4$ Std.**
**680 kcal · 23 g Fett · 30%**

*Für das Fleisch:*
*3 unbehandelte Zitronen*
*2 Knoblauchzehen*
*1 Zweig frischer Rosmarin*
*500 g Hühnerkeulen*
*1 kleine rote Peperoni*
*Salz*
*1 TL Olivenöl*

*Für den Reis:*
*1 Zwiebel*
*1 TL Butter*
*150 g Rundkornreis*
*(Vialone oder Avorio)*
*450 ml Fleischbrühe*
*1 TL Safranfäden*
*1 EL ger. Parmesan*

**1.** Die Zitronen waschen. 1$^1/_2$ Zitronen auspressen, die restliche $^1/_2$ Zitrone in Scheiben schneiden. Den Knoblauch schälen und in Stifte schneiden. Die Rosmarinnadeln abzupfen.

**2.** Die Haut der Hühnerkeulen an mehreren Stellen mit einem Messer einritzen. Knoblauch und Rosmarin unter die Haut schieben.

*Huhn mit Zitrone und Safranreis*

**3.** Den Backofen auf 200 °C vorheizen. Die Peperoni waschen, entkernen und sehr fein hacken. Mit dem Zitronensaft, Salz und Olivenöl verrühren und die Hühnerkeulen damit einreiben. Die Hühnerkeulen in eine flache, feuerfeste Form legen, mit den Zitronenscheiben belegen und etwa 45 Minuten braten. Dabei immer wieder mit dem Bratensaft begießen.

**4.** Inzwischen für den Reis die Zwiebel schälen und fein hacken. Die Butter in einem Topf zerlassen. Die Zwiebel und den Reis darin anbraten. Mit der Hälfte der Brühe ablöschen und alles einmal aufkochen lassen.

**5.** Den Safran in der restlichen Brühe auflösen. Wenn die Flüssigkeit etwas verkocht ist, die Hitze reduzieren, etwas Brühe dazugeben und den Reis leicht köchelnd weitergaren. Die Brühe nun portionsweise dazugeben, sodass der Reis immer damit bedeckt ist.

**6.** Den Parmesan unter den Reis mischen, den Reis zugedeckt nochmals kurz quellen lassen und zusammen mit den Hühnerkeulen servieren.

# Gemischter Fischtopf

*Cacciucco alla viareggina*

**Für 2 Personen**
**Zubereitungszeit: ca. 1 Std.**
**550 kcal · 18 g Fett · 29%**

*1 kleine ganze Meerbarbe*
*300 g gemischte Fischfilets (z.B.*
*Dorsch, Seeteufel, Seezunge)*
*200 g kleine Tintenfische*
*(küchenfertig vorbereitet)*
*1 kleine Zwiebel*
*300 g Miesmuscheln*
*1 Stange Bleichsellerie*
*1 kleine Möhre*
*300 g Tomaten*
*2 EL Olivenöl*
*3 Knoblauchzehen*
*1 getrocknete Chilischote*
*1 Lorbeerblatt*
*3 EL Weißwein*
*Salz und Pfeffer*
*100 g geschälte Garnelen*
*1 EL geh. Petersilie*
*2 Scheiben Weißbrot*

**1.** Die Meerbarbe ausnehmen, schuppen und den Kopf und die Flossen abschneiden. Die Fischfilets in etwa 3 cm große Stücke und die Tintenfische in etwa 1 cm dicke Ringe schneiden. Die Muscheln unter fließendem Wasser gut abbürsten, entbarten und geöffnete Muscheln aussortieren.

**2.** Die Zwiebel und den Knoblauch schälen. Die Zwiebel in Achtel schneiden. $1/4$ l Wasser mit der Zwiebel und 1 Knoblauchzehe zum Kochen bringen. Die Meerbarbe etwa 20 Minuten zugedeckt bei schwacher Hitze darin garen. Den Fisch herausnehmen, das Fleisch von den Gräten lösen und zusammen mit dem Fischsud durch ein Sieb streichen.

**3.** Dann $1/2$ l Wasser zum Kochen bringen und die Muscheln darin zugedeckt etwa 5 Minuten garen. Ungeöffnete Muscheln aussortieren, 4 Muscheln zur Dekoration beiseite legen, die übrigen Muscheln aus den Schalen lösen. Den Muschelsud durch ein Sieb gießen und aufbewahren.

**4.** Den Sellerie und die Möhre putzen, waschen und fein würfeln. Die Tomaten über Kreuz einritzen, mit kochendem Wasser überbrühen, kalt abschrecken und enthäuten. Das Fruchtfleisch würfeln.

**5.** Dann $1^{1}/_{2}$ Esslöffel Olivenöl in einem großen Topf erhitzen. 1 Knoblauchzehe im Öl anbraten. Die Tintenfischringe und die ganze Chilischote hinzufügen und kräftig anbraten. Das Gemüse, Lorbeerblatt, den Fisch- und den Muschelsud und den Wein hinzufügen und alles zugedeckt etwa 15 Minuten köcheln lassen. Die Suppe kräftig mit Salz und Pfeffer abschmecken.

**6.** Die Fischstücke, das Muschelfleisch und die Garnelen dazugeben und alles etwa 5 Minuten ziehen lassen. Chilischote und Lorbeerblatt entfernen. Die Suppe mit der Petersilie bestreuen.

**7.** Das Brot toasten, mit der restlichen Knoblauchzehe einreiben und mit dem restlichen Olivenöl beträufeln. Zusammen mit der Fischsuppe servieren.

*Gefüllte Muscheln*

## Gefüllte Muscheln
*Cozze ripiene*

**Für 2 Personen**
**Zubereitungszeit: ca. 1$^{1}/_{4}$ Std.**
**520 kcal · 17 g Fett · 29%**

*600 g frische Miesmuscheln*
*150 ml Weißwein*
*1 kleine Zwiebel*
*2 Knoblauchzehen*
*300 g Tomaten*
*1 EL Olivenöl*
*Salz und Pfeffer*
*1 Ei*
*2 EL geh. Petersilie*
*2 EL geh. Basilikum*
*2 EL Semmelbrösel*
*1 Prise Cayennepfeffer*

*40 g Parmesan (am Stück)*
*1 TL Butter*
*2 Scheiben Weißbrot*

**1.** Die Muscheln unter fließendem Wasser gut abbürsten, entbarten und bereits geöffnete Muscheln aussortieren. Den Wein aufkochen lassen. Die Muscheln darin etwa 5 Minuten garen, bis sie sich öffnen. Geschlossene Muscheln wegwerfen. Den Muschelsud durch ein feines Sieb gießen und beiseite stellen.

**2.** Die Zwiebel und 1 Knoblauchzehe schälen und sehr fein hacken. Die Tomaten über Kreuz einritzen, mit kochendem Wasser überbrühen, kalt abschrecken und enthäuten. Das Öl in einem Topf erhitzen. Zwiebel und Knoblauch darin andünsten. Die Tomaten zerkleinern und hinzufügen. Den Muschelsud dazugießen, alles mit Salz und Pfeffer abschmecken und zu einer dicken Sauce einkochen lassen.

**3.** Den Backofen auf 225 °C vorheizen. Die Muscheln in der Mitte auseinander brechen und die leeren Schalenhälften wegwerfen. Die Tomatensauce in eine flache, feuerfeste Form geben und die Schalen mit dem Muschelfleisch nebeneinander hineinlegen.

**4.** Für die Füllung das Ei verquirlen und mit den Kräutern verrühren. Den restlichen Knoblauch schälen, durchpressen und dazugeben. Die Semmelbrösel unterrühren und alles mit Salz, Pfeffer und Cayennepfeffer würzen.

**5.** Auf jede Muschelhälfte vorsichtig 1 Teelöffel Kräuterpaste geben. Den Parmesan fein reiben und die Muscheln damit bestreuen. Die Butter in Flöckchen auf den Muscheln verteilen und alles etwa 10 Minuten überbacken. Zusammen mit dem Weißbrot servieren.

# Gefüllte Tintenfische
*Calamari ripieni*

**Für 2 Personen**
**Zubereitungszeit: ca. 1¹/₄ Std.**
**ca. 520 kcal · 17 g Fett · 29%**

*500 g kleine geputzte*
*Tintenfische*
*1 Brötchen vom Vortag*
*1 Knoblauchzehe*
*4 Sardellenfilets*
*1 EL geh. Petersilie*
*1 EL geh. Basilikum*
*2 EL Olivenöl*
*1 EL Zitronensaft*
*Salz und Pfeffer*
*50 ml Weißwein*
*2 Ciabatta-Brötchen*

**1.** Die Tintenfische waschen. 100 g Tintenfisch würfeln. Das Brötchen in kaltem Wasser einweichen. Den Knoblauch schälen und hacken.

**2.** Das Brötchen ausdrücken. Brötchen, Tintenfischwürfel, Knoblauch, Sardellenfilets und die Kräuter im Mixer fein pürieren. 1 Esslöffel Öl und den Zitronensaft unterrühren und alles mit Salz und Pfeffer abschmecken.

**3.** Den Backofen auf 225 °C vorheizen. Die ganzen Tintenfische damit füllen und mit Rouladennadeln zusammenstecken oder mit Küchengarn zunähen. Die Tintenfische in eine feuerfeste Form geben. Das restliche Öl mit dem Wein verrühren und über die Tintenfische verteilen.

**4.** Das Ganze im Ofen etwa 30 Minuten garen und zusammen mit den Ciabatta-Brötchen servieren.

**65**

# Seezungenröllchen in Tomatensauce

*Involtini di pesce al pomodoro*

Für 2 Personen
Zubereitungszeit: ca. 1 Std.
530 kcal · 17 g Fett · 29%

*Für die Seezungenröllchen:*
*3 Frühlingszwiebeln*
*2 Knoblauchzehen*
*500 g Tomaten*
*1 EL Olivenöl*
*100 ml Tomatensaft*
*Salz und Pfeffer*
*1 Prise Zucker*
*2 Seezungenfilets (ca. 400 g)*
*8 Oliven mit Paprikafüllung*
*2 EL Semmelbrösel*
*1 Eigelb*
*1 EL geh. Petersilie*
*1 EL geh. Basilikum*

*Für den Reis:*
*1 kleine Zwiebel*
*1 Möhre*
*1 TL Butter*
*60 g Rundkornreis*
*(Avorio oder Vialone)*

**1.** Für die Sauce die Frühlingszwiebeln putzen, waschen und in feine Ringe schneiden. Den Knoblauch schälen und fein hacken. Die Tomaten über Kreuz einritzen, mit kochendem Wasser überbrühen, kalt abschrecken und enthäuten. Die Tomaten entkernen und das Fruchtfleisch in kleine Würfel schneiden.

**2.** Das Öl in einem breiten Topf oder einer Pfanne mit hohem Rand erhitzen. Die Frühlingszwiebeln und den Knoblauch darin anbraten. Die Tomatenwürfel und den Tomatensaft hinzufügen und alles etwas einkochen lassen. Mit Salz, Pfeffer und Zucker abschmecken.

**3.** Für den Reis die Zwiebel schälen und fein hacken. Die Möhre schälen und fein würfeln. Die Butter in einem Topf zerlassen. Die Zwiebel- und Möhrenwürfel darin anbraten.

**4.** Den Reis hinzufügen und mit der Hälfte der Brühe auffüllen. Alles zum Kochen bringen, die Hitze reduzieren und den Reis etwa 25 Minuten zugedeckt köcheln lassen. Sobald die Flüssigkeit verkocht, wieder etwas Brühe hinzugeben, bis auch diese wieder verkocht ist.

**5.** Die Seezungenfilets waschen, trockentupfen und halbieren. Die Oliven fein hacken. Die Semmelbrösel mit den Oliven, Eigelb, Salz, Pfeffer und Petersilie verrühren. Die Filets mit der Masse bestreichen, aufrollen und mit einem Zahnstocher zusammenstecken.

**6.** Die Röllchen mit der Naht nach unten in die Tomatensauce setzen und zugedeckt etwa 15 Minuten gar ziehen lassen. Dabei immer wieder mit Sauce begießen. Die Filets mit dem Basilikum bestreuen und zusammen mit dem Reis servieren.

# Seezunge im eigenen Saft mit Spinat

*Sogliole al piatto con spinaci di magro*

Für 2 Personen
Zubereitungszeit: ca. 1 Std.
(plus 1 Std. Zeit zum Einlegen)
380 kcal · 7 g Fett · 17%

*2 EL Rosinen*
*500 g Blattspinat*
*1 Knoblauchzehe*
*2 EL geh. Petersilie*
*1 TL Olivenöl*
*Salz und Pfeffer*
*1 Prise Zucker*
*400 g Seezungenfilet*
*1 EL Öl*
*1 EL Zitronensaft*
*2 Scheiben Ciabattabrot*

**1.** Die Rosinen etwa 1 Stunde in lauwarmes Wasser einlegen.

*Seezungenröllchen in Tomatensauce*

**2.** Den Spinat verlesen und die Stiele entfernen. Den Spinat waschen, tropfnass in einen Topf geben und ohne weitere Flüssigkeit aufkochen lassen. Anschließend die Spinatblätter ausdrücken.

**3.** Die Knoblauchzehe schälen und halbieren. Das Öl in einem Topf erhitzen. Eine halbe Knoblauchzehe und 1 Esslöffel Petersilie im Öl anbraten. Die Rosinen abtropfen lassen und mit dem Spinat dazugeben. Alles mit Salz, Pfeffer und Zucker abschmecken und unter Rühren weiter dünsten.

**4.** Für die Seezungenfilets einen breiten Topf etwa $1/3$ hoch mit Wasser füllen und zum Kochen bringen. Die Seezungenfilets waschen, trockentupfen und mit Salz und Pfeffer würzen. Einen Teller mit etwas größerem Durchmesser als der Topf mit dem Öl bestreichen. Die Fischfilets darauf legen.

**5.** Den restlichen Knoblauch durchpressen und mit der restlichen Petersilie mischen. Die Fischfilets damit bestreuen. Den Teller mit einem weiteren Teller abdecken und das Ganze auf den Topf stel-

len. Die Hitze etwas reduzieren und die Filets so etwa 15 Minuten garen lassen.

**6.** Die Fischfilets auf 2 Teller verteilen. Den Fischsud mit dem Zitronensaft mischen und die Filets damit beträufeln. Die Seezungenfilets zusammen mit dem Spinat und dem Weißbrot servieren.

## Hühnerbrust mit Artischocken und Champignons

*Pollo con carciofi e funghi*

**Für 2 Personen**
**Zubereitungszeit: ca. 1 Std.**
**440 kcal · 13 g Fett · 27%**

*1 EL Mehl*
*2 EL Paniermehl*
*Salz und Pfeffer*
*400 g Hühnerbrustfilet*
*1 EL Olivenöl*
*1 EL Butter*
*1 Zwiebel*
*250 g Artischockenherzen*
*(aus der Dose)*
*300 g Champignons*
*75 ml Hühnerbrühe*
*3 EL Wermut (Martini oder*
*Cinzano)*
*1 EL geh. Petersilie*

1. Mehl, Paniermehl, Salz und Pfeffer mischen. Die Hühnerbrustfilets waschen, etwas trockentupfen, jeweils in 4 Stücke schneiden und diese in der Panade wenden.

2. Das Öl in einer Pfanne erhitzen, bis es zu rauchen beginnt. Die Butter darin schmelzen. Die Fleischstücke von allen Seiten darin kräftig anbraten und in eine flache, feuerfeste Form legen.

3. Den Backofen auf 175 °C vorheizen. Die Zwiebel schälen und in feine Ringe schneiden. Die Artischocken abtropfen lassen. Die Champignons putzen und in Scheiben schneiden.

4. Die Zwiebelringe in dem Bratfett anbraten. Die Artischockenherzen hinzufügen und unter Rühren mitdünsten. Dann die Pilze dazugeben und alles mit der Brühe und dem Wermut ergänzen. Die Mischung über den Fleischstücken verteilen und alles etwa 30 Minuten im Backofen garen. Mit der Petersilie bestreut servieren.
*(auf dem Foto)*

## Gebackene Hühnerbrust mit Kartoffeln

*Pollo e patate alla pizzaiola*

**Für 2 Personen**
**Zubereitungszeit: ca. 1¼ Std.**
**480 kcal · 14 g Fett · 26%**

*2 EL Olivenöl*
*400 g Hühnerbrustfilet*
*400 g Kartoffeln*
*1 Zwiebel*
*500 g Tomaten*
*Salz und Pfeffer*
*1 Knoblauchzehe*
*1 EL geh. Oregano*
*1 EL geh. Petersilie*

1. Den Backofen auf 175 °C vorheizen. Eine feuerfeste Form mit 1 Teelöffel Öl auspinseln. Die Hühnerbrustfilets halbieren und nebeneinander hineinlegen. Die Kartoffeln schälen, in große Würfel schneiden und zwischen und um die Fleischstücke herum verteilen. Die Zwiebel schälen, in feine Ringe schneiden und darüber schichten.

2. Die Tomaten über Kreuz einritzen, mit kochendem Wasser überbrühen, kalt abschrecken und enthäuten. Das Fruchtfleisch klein schneiden. Mit Salz und Pfeffer kräftig abschmecken. Den Knoblauch schälen und zu den Tomaten pressen. Das restliche Öl unterrühren.

3. Die Tomatenmischung in die Form geben. Mit dem Oregano bestreuen und alles mit Folie abgedeckt etwa 30 Minuten schmoren. Die Folie abnehmen und noch weitere 20 Minuten schmoren lassen. Mit der Petersilie bestreut servieren.

# *Dolci*

## *Quittenkompott mit Jogurt*
*Melecotogne in composta*

**Für 2 Personen**
**Zubereitungszeit: ca. 30 Min.**
**(plus ca. 2 Std. Kühlzeit)**
**220 kcal · 2 g Fett · 9%**

*250 g Quitten*
*1 unbehandelte Zitrone*
*50 g Zucker*
*1 Stück Zimtstange*
*1 Becher Vollmilchjogurt*
*(3,5% Fett)*
*2 TL Zucker*

**1.** Die Quitten schälen, vierteln und entkernen. Die Zitrone waschen und trockentupfen. Eine Hälfte der Zitrone dünn abschälen. Die Zitrone auspressen.

**2.** Die Quitten in einen Topf geben und zu einem Drittel mit Wasser bedecken. Zitronensaft, Zitronenschale, Zucker und Zimtstange hinzufügen und alles zum Kochen bringen. Die Quitten zugedeckt etwa 15 Minuten köcheln lassen. Die Quitten sollten weich sein, aber noch nicht zerfallen.

**3.** Die Zitronenschale und Zimtstange entfernen. Die Quitten gut abkühlen lassen. Den Jogurt mit dem Zucker glatt rühren. Das Kompott auf 2 Dessertteller verteilen und zusammen mit dem Jogurt servieren.

## *Weinschaum mit Beeren*
*Zabaione con bacche*

**Für 2 Personen**
**Zubereitungszeit: ca. 35 Min.**
**200 kcal · 6 g Fett · 27%**

*200 g gemischte Beeren*
*(Himbeeren, Johannisbeeren,*
*Erdbeeren, Brombeeren)*
*Saft und Schale von $^1/_2$ unbehandelten Zitrone*
*2 Eigelb*
*2 EL Marsala (Likörwein)*
*2 EL Zucker*

**1.** Die Beeren waschen, verlesen und von den Stielen zupfen. Die Erdbeeren klein schneiden. Das Obst vorsichtig mit dem Zitronensaft mischen.

**2.** Einen großen Topf mit Wasser füllen und erhitzen. Eine Edelstahlschüssel ins Wasserbad setzen. Die Eigelbe mit dem Zucker und der Zitronenschale verquirlen. Den Wein unter Rühren langsam dazugießen.

**3.** Die Masse bei milder Hitze zu einer schaumigen Creme aufschlagen. Die Zabaione auf Dessertteller verteilen und mit den Beeren garniert servieren.
*(auf dem Foto)*

Pochierte Birnen

## Pochierte Birnen
*Pere al vino*

**Für 2 Personen**
**Zubereitungszeit: ca. 1 Std.**
**350 kcal · 7 g Fett · 13%**

*2 große, feste Birnen*
*$^1/_4$ l Rotwein*
*Saft von $^1/_2$ Zitrone*
*2 Gewürznelken*
*1 Lorbeerblatt*
*1 Stück Zimtstange*
*3 EL Zucker*
*100 g Vanilleeis*

**1.** Die Birnen schälen und unten gerade abschneiden. Den Rotwein mit dem Zitronensaft, den Gewürzen und dem Zucker mischen und in einen schmalen Topf füllen.

**2.** Die Birnen hineinstellen und das Ganze zum Kochen bringen. Die Hitze reduzieren und etwa 30 Minuten köcheln lassen.

**3.** Die Birnen aus dem Sud nehmen und die Flüssigkeit noch etwas einkochen lassen. Das Eis in 2 Dessertschälchen verteilen und zusammen mit den Birnen servieren.

# Marinierte Erdbeeren

*Fragole all'aceto*

Für 2 Personen
Zubereitungszeit: ca. 10 Min.
(plus 1 Std. Marinierzeit)
90 kcal · 1 g Fett · 10%

*350 g kleine, aromatische
Erdbeeren
1 EL Zucker
1 1/2 EL Balsamico-Essig*

**1.** Die Erdbeeren waschen
und die grünen Stiele und
Blätter entfernen. Mit dem
Zucker bestreuen und den
Essig darauf träufeln.

**2.** Vorsichtig mischen und zugedeckt mindestens 1 Stunde
durchziehen lassen.

**Tipp**
*Die Erdbeeren in 1/2 l Weiß-
wein marinieren. Vor dem Servieren den Wein abgießen,
dabei auffangen. Den Wein
separat mit Mineralwasser,
Eiswürfeln und Zitronenschale
als erfrischendes Sommer-
getränk reichen.*

# Kastanienpüree mit Sahne

*Monte Bianco*

Für 2 Personen
Zubereitungszeit: ca. 1 1/4 Std.
290 kcal · 6 g Fett · 18%

*150 g Esskastanien (Maronen)
125 ml fettarme Milch
(1,5% Fett)
1 Vanilleschote
3 EL Puderzucker
1 EL Kakao
2 EL Rum
1 Prise Zimt
2 EL süße Sahne (bereits
geschlagen)*

**1.** Den Backofen auf 250 °C
vorheizen. Die Kastanien einritzen, auf einem Backblech
etwas 30 Minuten rösten und
noch heiß schälen.

**2.** Die Kastanien zusammen
mit der Milch in einen Topf
geben. Die Vanilleschote auf-
schlitzen, hinzufügen und alles etwa 45 Minuten köcheln
lassen (die Milch wird dabei
fast aufgesaugt). Die Vanilleschote herausnehmen und
die Kastanien pürieren.

**3.** Den Puderzucker, Kakao,
Rum und Zimt unter das Püree rühren. Das Püree abkühlen lassen und auf 2 Dessertschälchen verteilen. Das
Püree mit der Sahne garniert
servieren.

**Tipp**
*Besonders dekorativ sieht
dieses Dessert aus, wenn
Sie das Maronenpüree durch
eine Spagetti- oder Spätzle-
presse drücken.*

# Esskastanien in Sirup

*Castagne nello sciroppo*

Ergibt ca. 1 Liter
Zubereitungszeit: ca. 3 Std.
(plus 4 Std. Ruhezeit)
1 Portion 1670 kcal · 8 g Fett · 4%

*500 g mitelgroße Esskastanien
(Maronen)
1 unbeh. Orange
1 unbeh. Zitrone
175 g Zucker
$^1/_4$ l Wasser
50 ml Weingeist, 70%
(in Apotheken erhältlich)
50 ml Weinbrand
$^1/_2$ P. Vanillezucker
1 Stück Zimtstange
4 Gewürznelken*

**1.** Den Backofen auf 250 °C vorheizen. Die Kastanien längs einritzen und auf dem Backblech etwa 30 Minuten rösten.

**2.** Die Orange und Zitrone dünn abschälen. Die Schale in feine Streifen schneiden. Den Zucker mit dem Wasser aufkochen lassen. Die Schalen hinzufügen und alles etwa 20 Minuten bei schwacher Hitze köcheln lassen. Den Sirup abkühlen lassen.

**3.** Den Weingeist mit dem Weinbrand, Vanillezucker und den Gewürzen mischen. Die Flüssigkeit zum Sirup gießen und etwa 4 Std. ruhen lassen.

**4.** Die Kastanien aus den Schalen lösen und in Einmachgläser füllen. Mit dem Sirup auffüllen und die Gläser schließen. Die Maronen an einem kühlen Ort aufbewahren.

**Tipp**
*Die Maronen schmecken nach 2 bis 3 Monaten Einlegezeit am besten. Sie können sie zusammen mit etwas Eiscreme servieren.*

# Pfirsiche in Recioto

*Pesche al recioto*

Für 2 Personen
Zubereitungszeit: ca. 15 Min.
(plus 2 Std. Kühlzeit)
290 kcal · 3 g Fett · 9%

*4 reife Pfirsiche
1 EL Zucker
Saft von $^1/_2$ Zitrone
$^1/_4$ l Recioto (Süßwein)
2 EL süße Sahne (geschlagen)*

**1.** Die Pfirsiche über Kreuz einritzen, mit kochendem Wasser überbrühen, kalt abschrecken und enthäuten. Die Pfirsiche entsteinen und vierteln.

**2.** Die Pfirsiche mit Zucker und Zitronensaft mischen und etwa 30 Minuten durchziehen lassen. Mit dem Wein übergießen und zugedeckt etwa $1^1/_2$ Stunden kühl stellen. Die Pfirsiche auf 2 Dessertellern verteilen und zusammen mit der Sahne servieren.

**Tipp**
*Der Recioto della Valpolicella wird aus halbgetrockneten Trauben gekeltert und ist daher ein besonders gehaltvoller und aromatischer Wein. Unter dem Zusatz „Amarone" ist dieser Wein trocken vergoren und hat ein herbes Bukett.*

*Meloneneis*

## Meloneneis
*Mantecato di melone*

**Für 2 Personen**
**Zubereitungszeit: ca. 20 Min.**
**(plus 4 Std. Gefrierzeit)**
**180 kcal · 4 g Fett · 20%**

*3 EL Zucker*
*$^1/_2$ Honigmelone*
*Saft von $^1/_2$ Zitrone*
*1 EL Pinienkerne*
*1 EL Zitronat*

**1.** Den Zucker mit 50 ml Wasser unter Rühren erhitzen und bei milder Hitze etwas köcheln lassen. Den Sirup dann abkühlen lassen.

**2.** Die Melone entkernen. Das Fruchtfleisch von der Schale lösen, würfen und pürieren. Den Zitronensaft und den Sirup unterrühren und alles in eine gefrierfeste Form geben.

**3.** Das Ganze ins Tiefkühlfach stellen, nach 1 Stunde einmal umrühren und dann weiter gefrieren lassen.

**4.** Pinienkerne grob hacken und in einer Pfanne ohne Fett anrösten. Zitronat fein hacken. Das Eis etwa $^1/_2$ Stunde vor dem Servieren herausnehmen, etwas antauen lassen und dann in Dessertschalen füllen. Mit den Pinienkernen und dem Zitronat bestreut servieren.

# LOW FETT 30-Tabelle
# typisch italienischer Zutaten

| Lebensmittel (je 100 g) | kcal | Fett-menge (in g) | Fett-kalorien (in %) | Lebensmittel (je 100 g) | kcal | Fett-menge (in g) | Fett-kalorien (in %) |
|---|---|---|---|---|---|---|---|
| **Fette und Öle** | | | | **Fleisch, Geflügel, Wild** | | | |
| Butter | 741 | 83 | 101 | Kaninchen | 146 | 8 | 49 |
| Butterschmalz | 880 | 100 | 102 | Rinderbraten | 129 | 5 | 35 |
| Olivenöl | 881 | 100 | 102 | Rinderfilet | 121 | 4 | 30 |
| | | | | Rinderhackfleisch | 202 | 14 | 62 |
| **Fisch und Meeresfrüchte** | | | | Schweinefilet | 107 | 2 | 17 |
| Forelle | 113 | 3 | 24 | Schweineschnitzel | 107 | 2 | 17 |
| Garnelen | 102 | 2 | 18 | Tatar | 113 | 3 | 24 |
| Meerbrasse | 116 | 6 | 47 | | | | |
| Miesmuscheln | 70 | 1 | 13 | **Wurstwaren** | | | |
| Sardellenfilets | 102 | 2 | 18 | Mortadella | 289 | 26 | 81 |
| Sardinen | 119 | 5 | 38 | Parmaschinken | 360 | 30 | 75 |
| Seehecht | 92 | 3 | 29 | Salami | 316 | 28 | 80 |
| Seezunge | 83 | 1 | 11 | | | | |
| Tintenfisch, paniert | 174 | 10 | 52 | **Gemüse** | | | |
| Tunfisch | 226 | 16 | 64 | Artischocke | 22 | 0 | 0 |
| Venusmuscheln | 77 | 1 | 12 | Aubergine | 17 | 0 | 0 |
| | | | | Avocado | 217 | 24 | 100 |
| **Fleisch, Geflügel, Wild** | | | | Blattspinat | 17 | 0 | 0 |
| Hackfleisch, gemischt | 230 | 17 | 67 | Bohnen, dick | 234 | 2 | 8 |
| Hähnchenbrustfilet | 102 | 1 | 9 | Brokkoli | 26 | 0 | 0 |
| Hähnchenkeule | 214 | 11 | 46 | Erbsen | 82 | 0 | 0 |
| Hase | 116 | 3 | 23 | Fenchel | 25 | 0 | 0 |
| Kalbsbraten | 107 | 3 | 25 | Kürbis | 27 | 0 | 0 |
| Kalbsfilet | 111 | 3 | 24 | Mangold | 25 | 0 | 0 |
| Kalbshaxe | 123 | 4 | 29 | Oliven, grün | 130 | 13 | 90 |
| Kalbsleber | 130 | 4 | 28 | Paprikaschoten | 20 | 0 | 0 |
| Kalbsschnitzel | 102 | 2 | 18 | Radicchio | 14 | 0 | 0 |
| | | | | Romanasalat | 16 | 0 | 0 |

| Lebensmittel (je 100 g) | kcal | Fettmenge (in g) | Fettkalorien (in %) |
|---|---|---|---|
| **Gemüse** | | | |
| Tomaten | 17 | 0 | 0 |
| Zucchini | 19 | 0 | 0 |
| | | | |
| **Pilze** | | | |
| Champignons | 15 | 0 | 0 |
| Pfifferlinge | 7 | 0 | 0 |
| Steinpilze | 20 | 0 | 0 |
| Trüffel | 48 | 1 | 19 |
| | | | |
| **Pasta, Reis & Co.** | | | |
| Eierteigwaren | 352 | 3 | 8 |
| Hartweizennudeln | 362 | 1 | 3 |
| Reis, geschält | 93 | 0 | 0 |
| Maisgrieß | 345 | 1 | 3 |
| Weißbrot | 238 | 1 | 5 |
| | | | |
| **Milchprodukte** | | | |
| Créme fraîche | 373 | 40 | 97 |
| Mascarpone | 410 | 42 | 92 |
| Schlagsahne | 288 | 30 | 94 |
| Jogurt 1,5 % | 83 | 1 | 11 |
| Jogurt 3,5 % | 66 | 4 | 55 |
| | | | |
| **Käse** | | | |
| Gorgonzola | 356 | 31 | 78 |
| Mozzarella | 255 | 20 | 71 |
| Parmesan | 407 | 30 | 66 |
| Provolone | 364 | 29 | 72 |

| Lebensmittel (je 100 g) | kcal | Fettmenge (in g) | Fettkalorien (in %) |
|---|---|---|---|
| **Käse** | | | |
| Quark, mager | 75 | 0 | 0 |
| Ricotta | 121 | 8 | 60 |
| | | | |
| **Nüsse und Samen** | | | |
| Edelkastanien | 173 | 2 | 10 |
| Kürbiskerne | 560 | 46 | 74 |
| Pinienkerne | 575 | 51 | 80 |
| Pistazien | 598 | 52 | 78 |
| | | | |
| **Obst** | | | |
| Aprikosen | 42 | 0 | 0 |
| Datteln, getrocknete | 285 | 1 | 3 |
| Feigen | 63 | 1 | 14 |
| Himbeeren | 34 | 0 | 0 |
| Nektarinen | 57 | 0 | 0 |
| Orangen | 47 | 0 | 0 |
| Pfirsich | 41 | 0 | 0 |
| Wassermelone | 38 | 0 | 0 |
| Weintrauben | 71 | 0 | 0 |
| Zitronen | 56 | 1 | 16 |

# Rezeptverzeichnis

# Register

Im FALKEN Verlag sind zahlreiche Titel zum Thema „LOW FETT 30" erschienen.
Bitte fragen Sie überall dort, wo es Bücher gibt.

Sie finden uns im Internet: **www.falken.de**

Dieses Buch wurde auf chlorfrei gebleichtem und säurefreiem Papier gedruckt.

Der Text dieses Buches entspricht den Regeln der neuen deutschen Rechtschreibung.

ISBN  3 8068 2378 9

© 1999 by FALKEN Verlag, 65527 Niedernhausen/Ts.
Die Verwertung der Texte und Bilder, auch auszugsweise, ist ohne Zustimmung
des Verlags urheberrechtswidrig und strafbar. Dies gilt auch für Vervielfältigungen,
Übersetzungen, Mikroverfilmung und für die Verarbeitung mit elektronischen
Systemen.

**Umschlaggestaltung:** Peter Udo Pinzer
**Gestaltung:** Horst Bachmann
**Einleitungstext:** Monika Brenz-Rickert
**Redaktion:** Tanja Schindler
**Redaktion dieser Auflage:** Elly Lämmlen
**Herstellung:** Ulrich Klein
**Umschlagfoto:** Klaus Arras, Köln
**Rezeptfotos:** Fotostudio Reiner Schmitz, München, außer: S. 21, 22, 25, 32, 36,
37, 40, 42, 45, 47: FALKEN Archiv, Niedernhausen
**Weitere Fotos im Innenteil:** FALKEN Archiv, Niedernhausen

Die Ratschläge in diesem Buch sind von der Herausgeberin und vom Verlag sorgfältig
erwogen und geprüft, dennoch kann eine Garantie nicht übernommen werden. Eine
Haftung der Herausgeberin bzw. des Verlags und seiner Beauftragten für Personen-,
Sach- und Vermögensschäden ist ausgeschlossen.

**Satz:** FALKEN Verlag, Niedernhausen/Ts.
**Druck:** Appl, Wemding

817 2635 4453 62